PIANO | VOCAL | GUITAR

MODERN
LOVE SONGS

ISBN 978-1-4803-8769-0

HAL•LEONARD®
CORPORATION
7777 W. BLUEMOUND RD. P.O. BOX 13819 MILWAUKEE, WI 53213

Visit Hal Leonard Online at
www.halleonard.com

ADORE YOU

Words and Music by STACY BARTHE
and OREN YOEL

Moderate groove

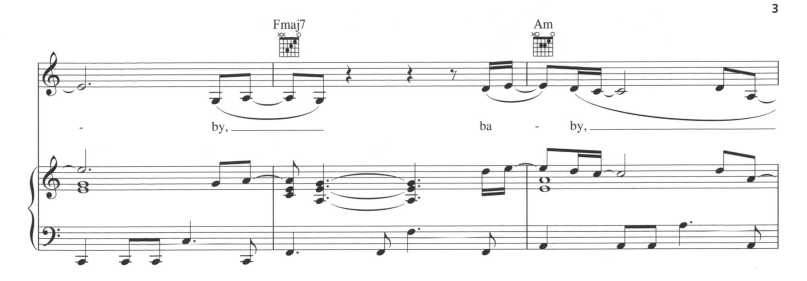

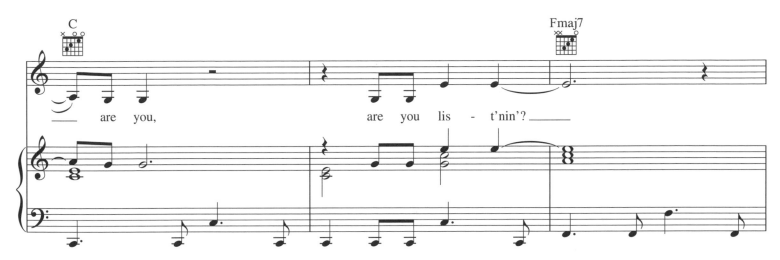

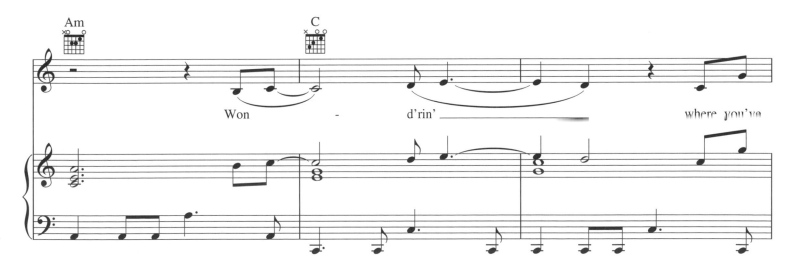

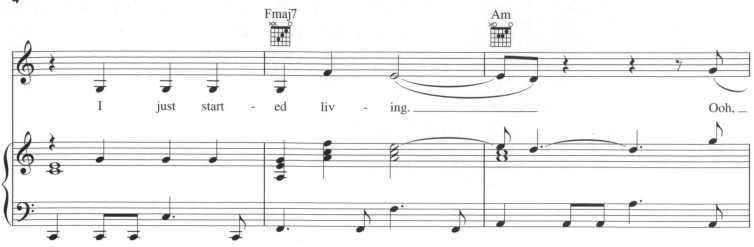

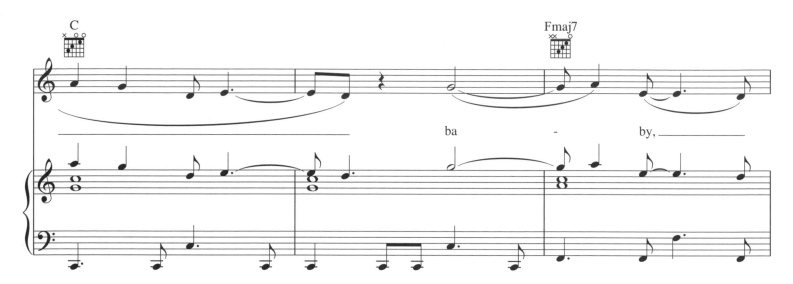

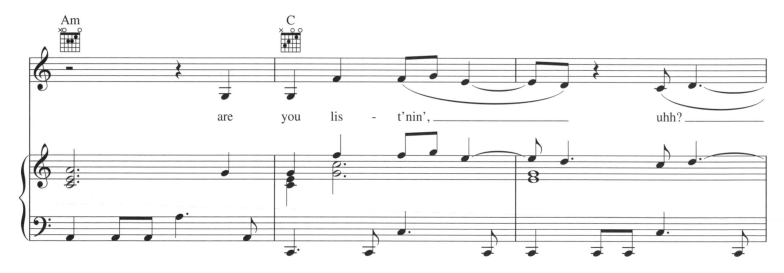

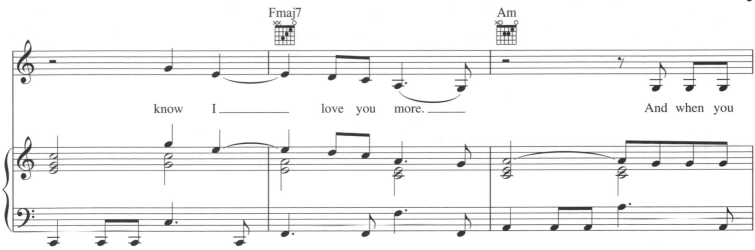

know I _____ love you more. _____ And when you

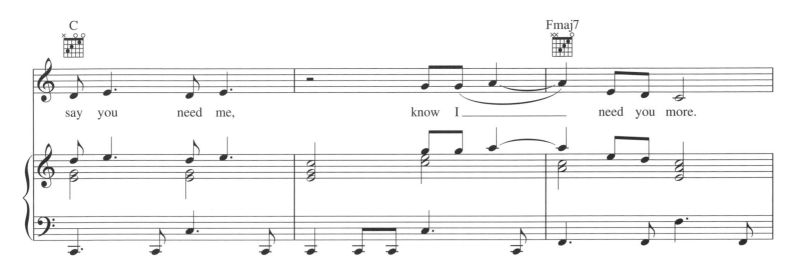

say you ____ need me, ____ know I _____ need you more. ____

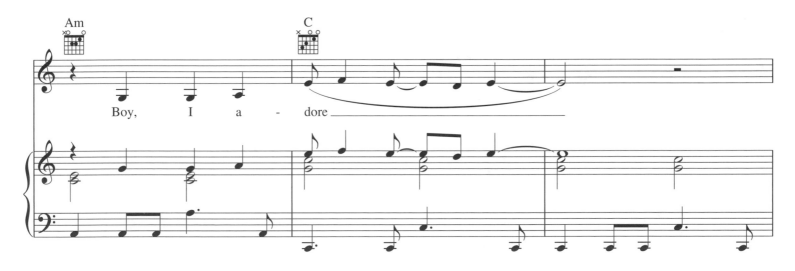

Boy, I ____ a - dore _____

you. _____ I ____ a - dore _____

To Coda

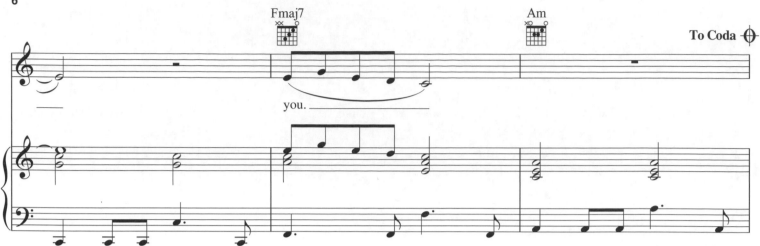

you.

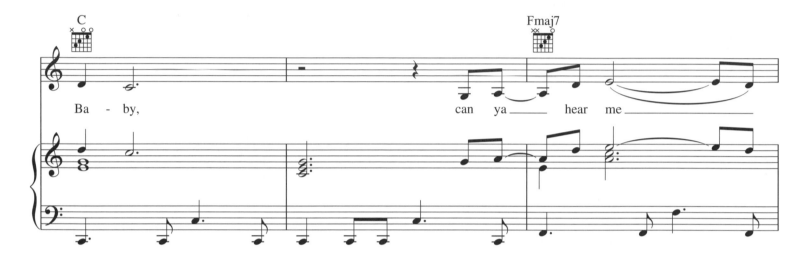

Ba - by, can ya ____ hear me ____

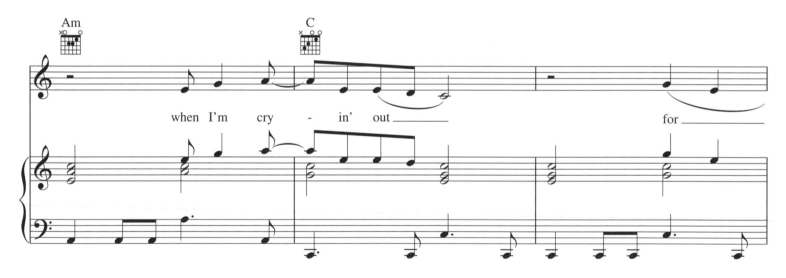

when I'm cry - in' out ____ for ____

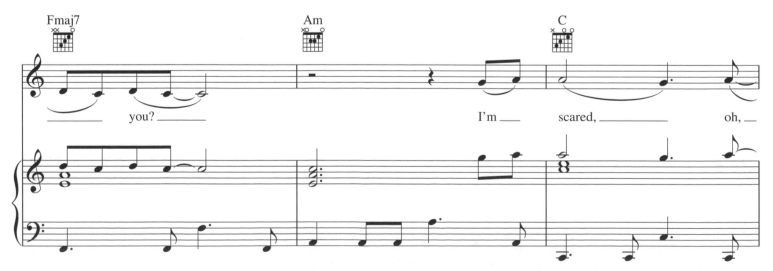

____ you? ____ I'm ____ scared, ____ oh, ____

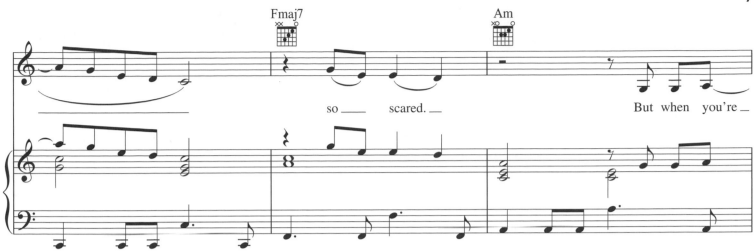

so ___ scared. ___ But when you're ___

___ near me, _____ I feel like I'm stand - in' with ___

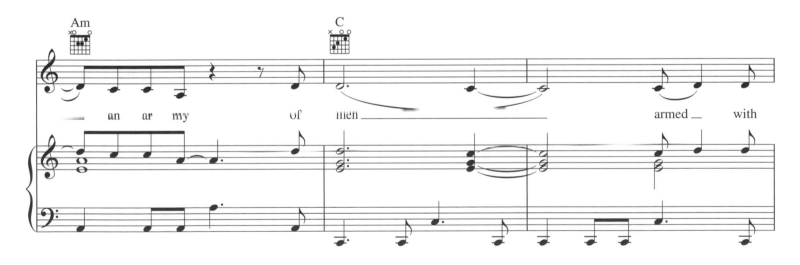

___ an ar - my of men _____ armed ___ with

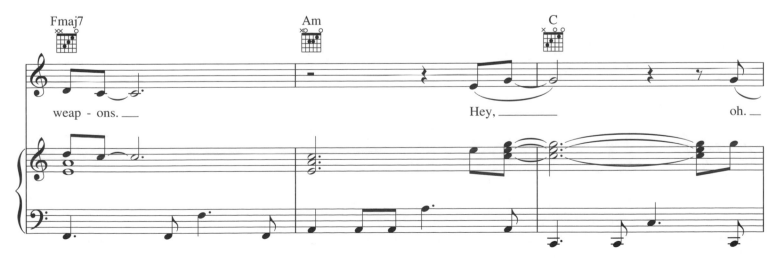

weap - ons. ___ Hey, _____ oh. ___

D.S. al Coda

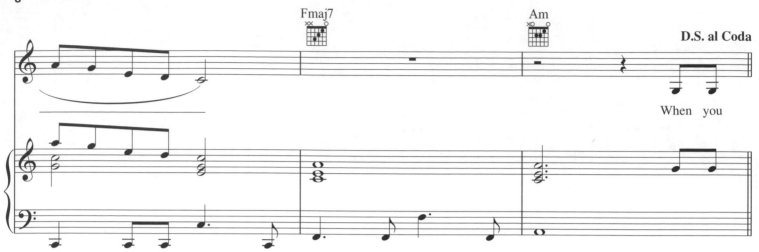

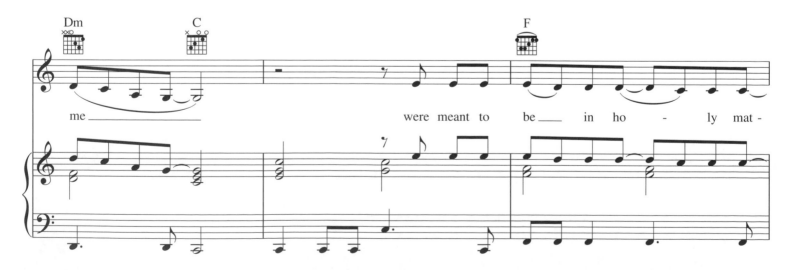

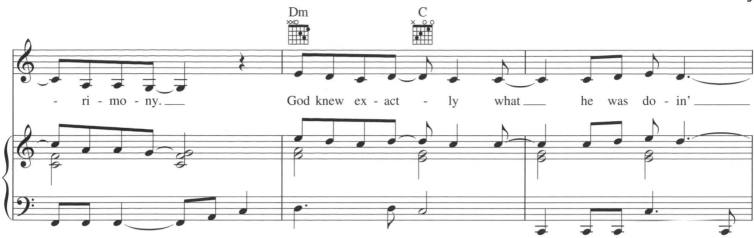

- ri - mo - ny.___ God knew ex - act - ly what___ he was do - in'___

___ when he led me___ to you.___

When you say you love me, know I___

___ love you more.___ And when you say you need me,

know I _____ need you more. Boy, I a - dore _____

_____ you. _____ I a - dore _____

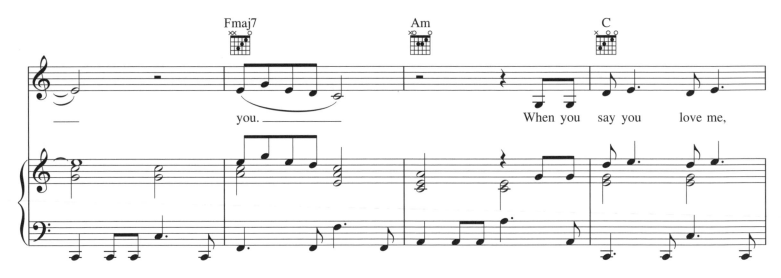

_____ you. _____ When you say you love me,

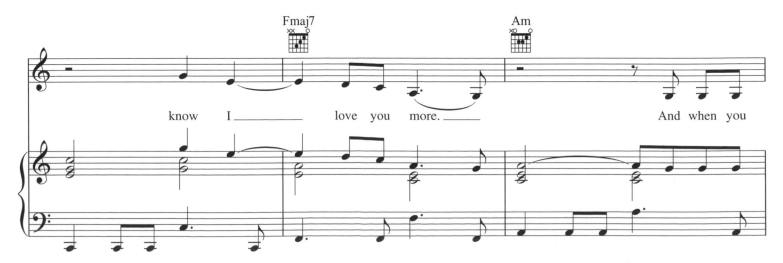

know I _____ love you more. _____ And when you

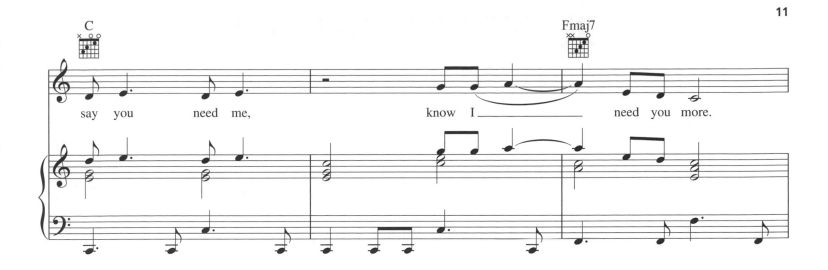

say you need me, know I _____ need you more.

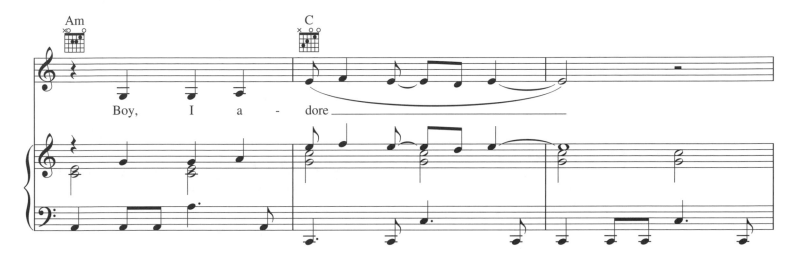

Boy, I a - dore _____

you. _____ I a - dore

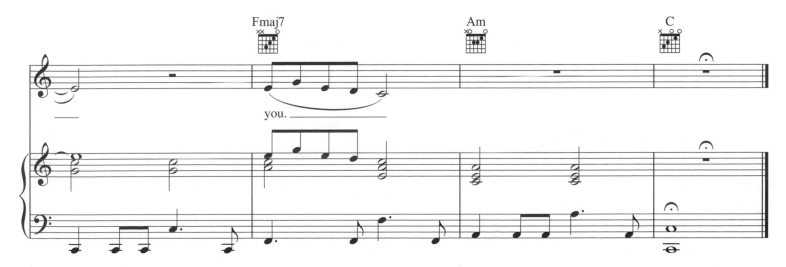

you. _____

BETTER TOGETHER

Words and Music by
JACK JOHNSON

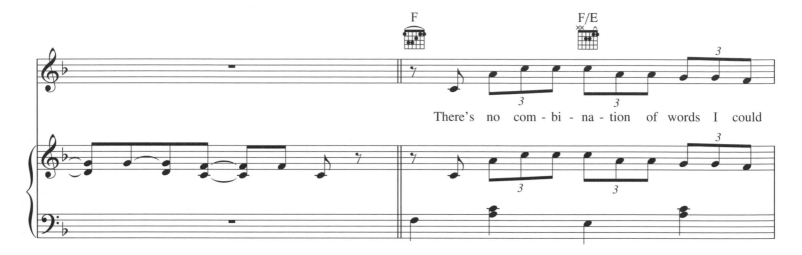

There's no com- bi- na- tion of words I could

put on the back of a post-card, no song that I could sing. But I could try for your heart and

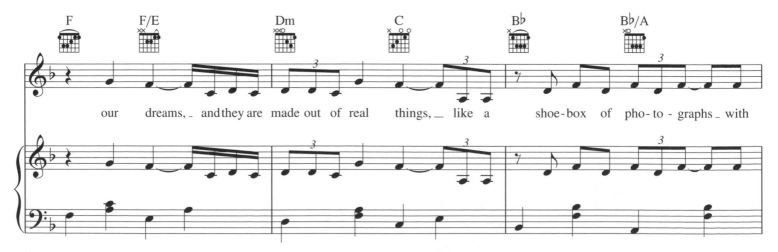

our dreams, _ and they are made out of real things, _ like a shoe-box of pho-to-graphs _ with

se - pi - a - tone lov - ing. Love is the an - swer at least for most of the ques - tions in my heart, like,

"Why are we here?" and "Where do we go?" and "How come it's so hard?" And

it's not al - ways eas - y and some - times life can be de - ceiv - ing.

I'll tell you one thing: it's al - ways bet - ter when we're to - geth - er.

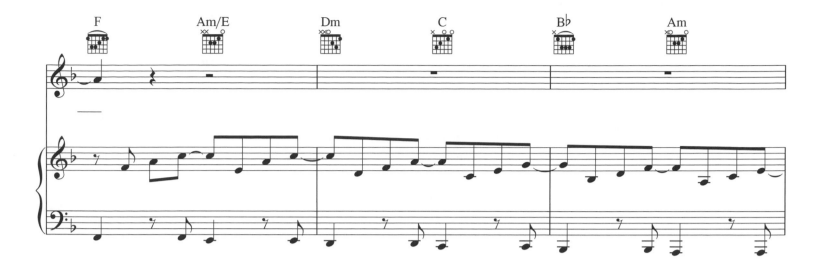

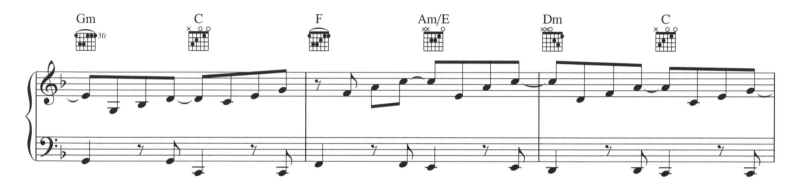

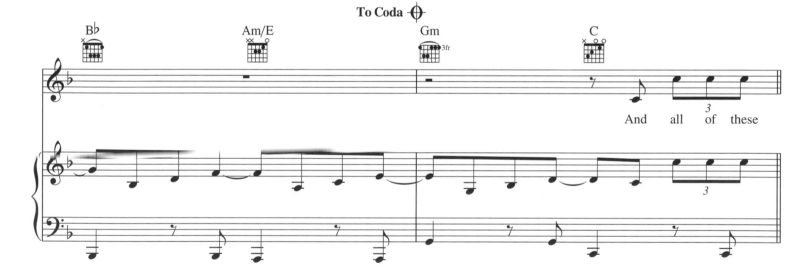

ries; they look so, so pret-ty when I sleep. __ Hey, now and, __

__ and when I wake __ up, __ you look so pret-ty sleep-ing next to

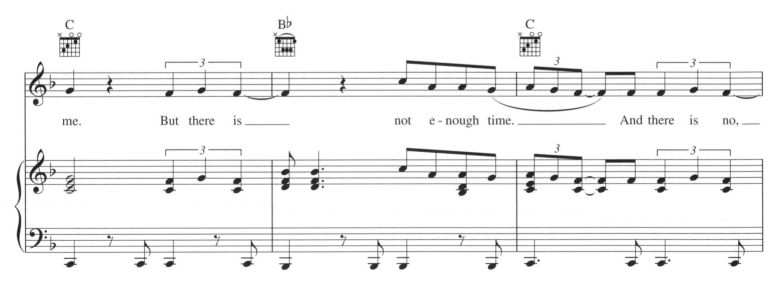

me. But there is __ not e-nough time. __ And there is no, __

__ no song I could sing. __ And there is no __ com-bi-na-tion of words __

I could say, ___ but I will still ___ tell you one thing: ___ We're bet-ter to-geth - er. ___

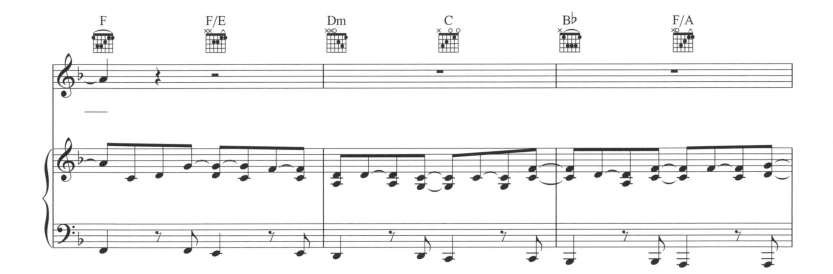

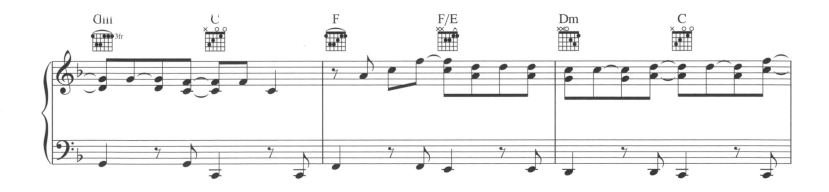

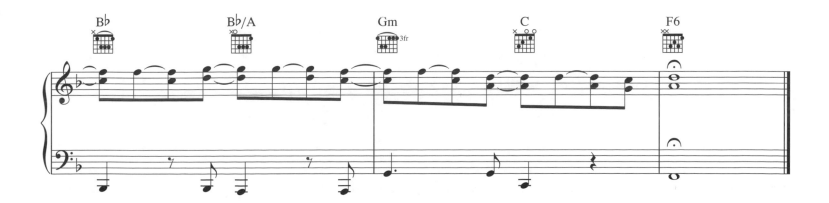

BLEEDING LOVE

Words and Music by JESSE McCARTNEY
and RYAN TEDDER

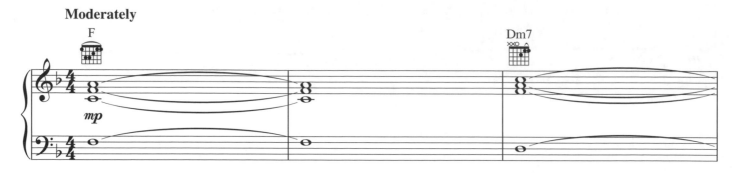

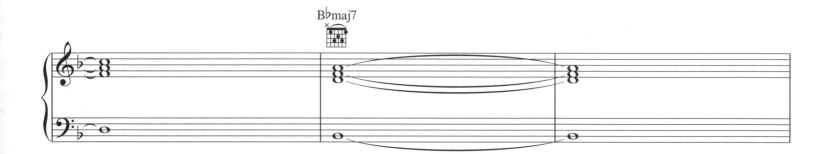

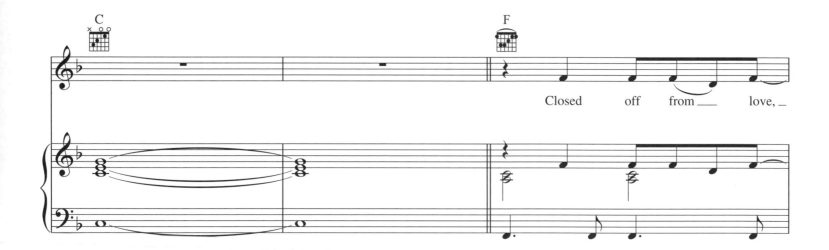

Closed off from ___ love, ___ ___ I did-n't need the pain. ___ Once or twice was e - nough ___ and it was all in vain. ___

Time starts to pass; ___ be - fore you know it you're fro - zen,

oh. ___ But some-thin' hap-pened for the ver - y first time with you. ___

___ My heart melts in - to the ground, found some-thing true. ___ And ev -'ry-one's look-ing

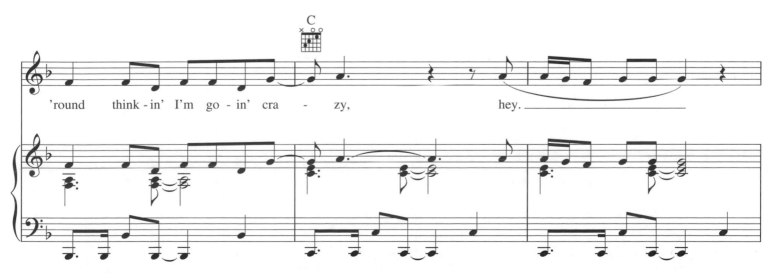

'round think-in' I'm go - in' cra - zy, hey. ___

But I don't care what they say, __ I'm in love __ with you. __ They try to pull me a-way, __

__ but they don't know __ the truth. __ My heart's crip-pled by the vein that I keep on clos-

- in'. You cut me o-pen and I _____ keep bleed-in', keep, __

__ keep bleed-in' love. __ I keep bleed-in', I keep, __ keep bleed-in' love. __

To Coda

Keep bleed - in', keep, __ keep bleed - in' love. __

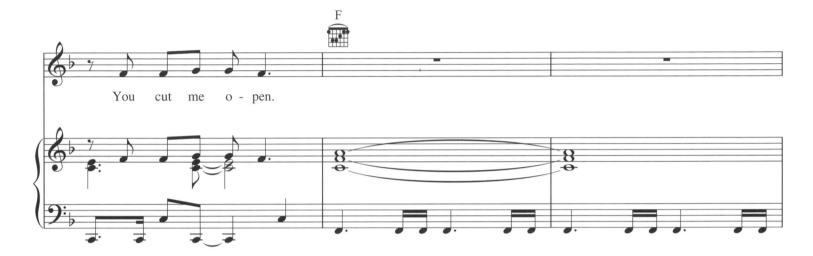

You cut me o - pen.

Try - in' hard not to hear, but they talk so loud. __ Their pierc - in' sounds fill my

ears, try to fill me with doubt. __ Yet, I know that the goal is to keep me from fall -

-ing, hey, _____ umm. But noth-in's great-er than the

rush that comes from your em-brace. __ And in this world of lone - li - ness, I see __ your face. __

__ Yet, ev-'ry-one a - round __ me thinks that I'm go - in' cra - zy, may-

D.S. al Coda

- be, may - be.

CODA

You cut me o - pen. _____ And it's

drain-in' all _____ of ____ me. Oh, they find it hard ___ to be-lieve. _

_____ I'll be wear-in' these scars ___ for ev-'ry-one ___ to see. _

_____ I don't care what they say, ___ I'm in love ___ with you. _

___ They try to pull me a-way, ___ but they don't know ___ the truth. ___ My heart's crip-pled by the

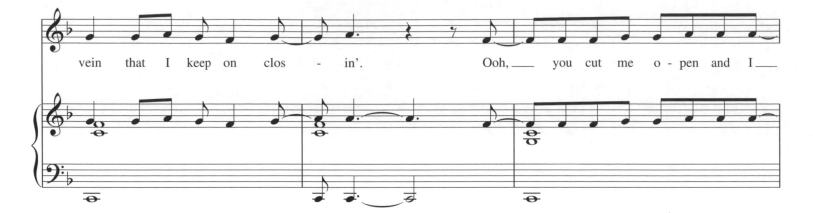

vein that I keep on clos - in'. Ooh, ___ you cut me o - pen and I ___

___ keep bleed - in', keep, ___ keep bleed - in' love. ___ I keep bleed - in', I keep, ___

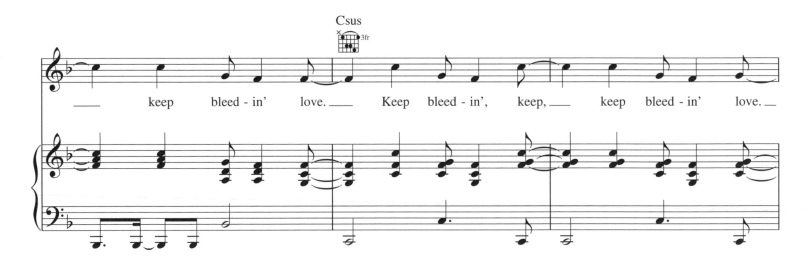

___ keep bleed - in' love. ___ Keep bleed - in', keep, ___ keep bleed - in' love. ___

Oh, ___ you cut me o - pen and I ___ keep bleed - in', keep, ___

keep bleed-in' love. __ I keep bleed-in', I keep, __ keep bleed-in' love. __

__ Keep bleed-in', keep, __ keep bleed-in' love. __ Ooh, __

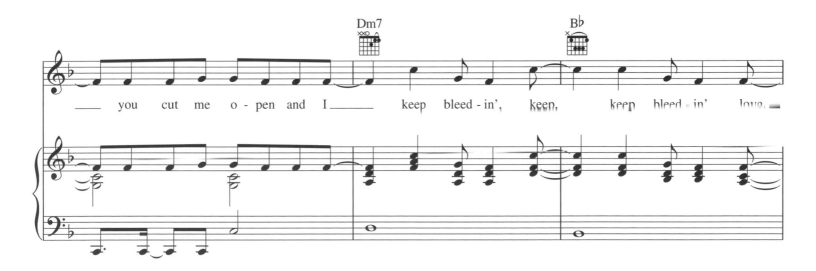

__ you cut me o-pen and I __ keep bleed-in', keep, keep bleed-in' love. __

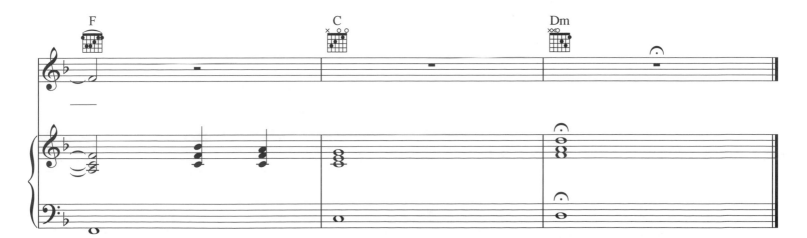

COME AWAY WITH ME

Words and Music by
NORAH JONES

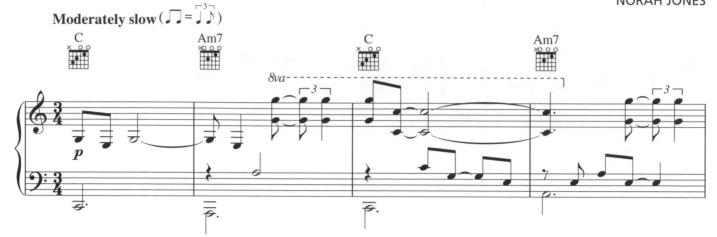

Come a-way with me in the night. ___

Come a-way with me and I will ___ write ___ you ___ a song ___

Come a-way with me on a bus.

Come a-way where they can't

tempt us with their lies.

And I wan-na walk with you on a cloud-

- y day _____ in fields _____ where the yel-low grass grows ____ knee-

high. So won't you _____ try _____ to come? Come a-way ___

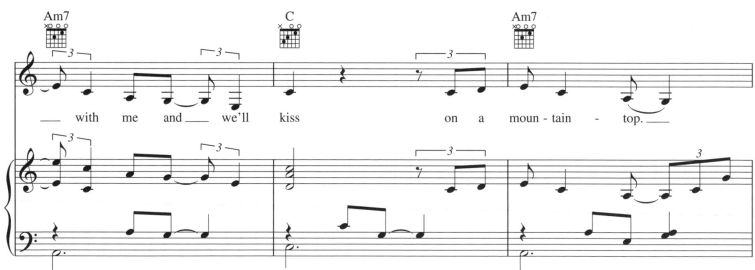

___ with me and ____ we'll kiss on a moun-tain - top. ___

Come a-way _____ with me _____ and I'll _____ nev-er

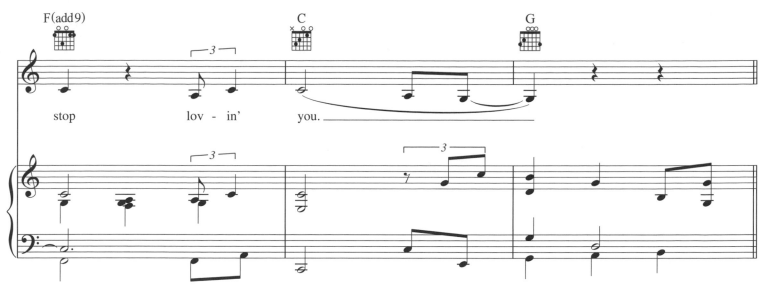

stop   lov - in'   you._____

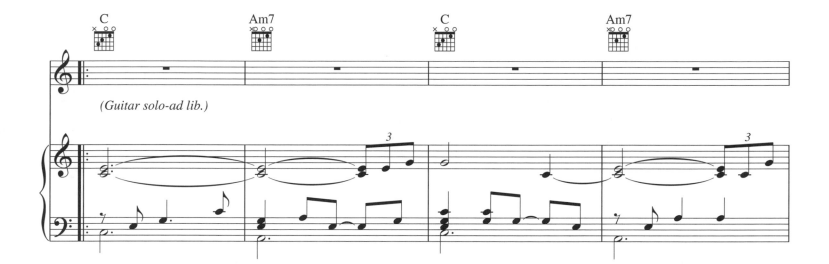

(Guitar solo-ad lib.)

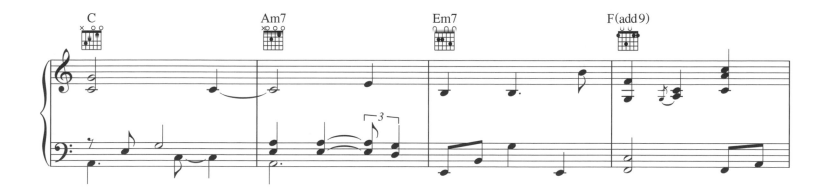

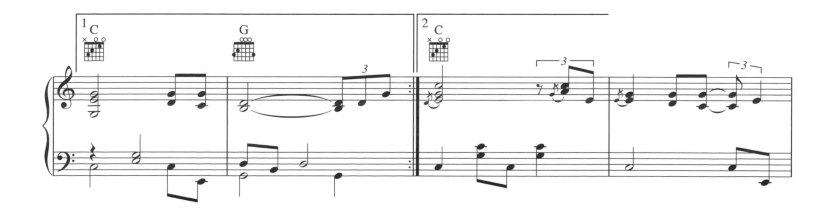

And I _____ wan-na wake up _____ with the rain ____ fall - in' on a tin roof ____

while I'm safe there in your arms. ____ So all I _____ ask is ____ for

you to come a-way with me in the night. ____

Come a - way _____ with me. ____

EVERYTHING

Words and Music by AMY FOSTER-GILLIES,
MICHAEL BUBLÉ and ALAN CHANG

Moderately fast

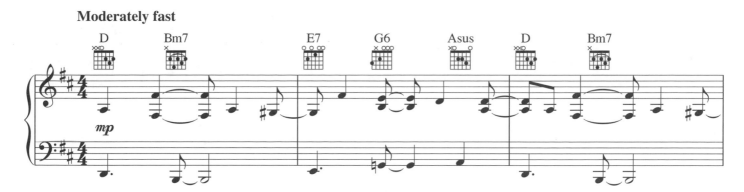

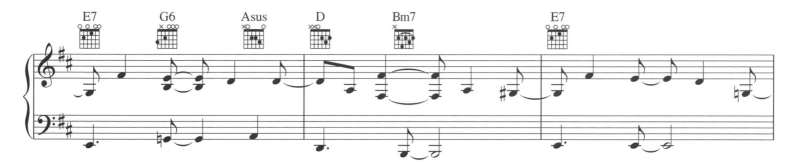

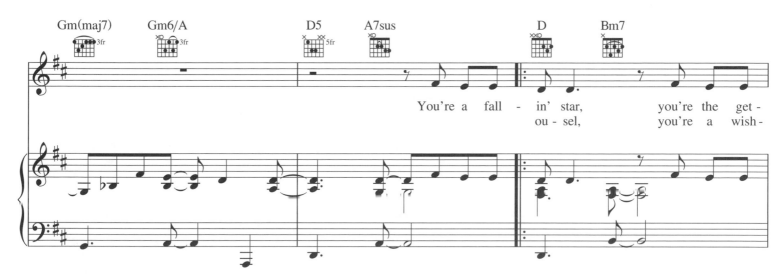

You're a fall - in' star, _____ you're the get -
ou - sel, _____ you're a wish -

a - way car, _____ you're the line _____ in the sand _____ when I go
ing well, _____ and you light _____ me _____ up _____ when you ring

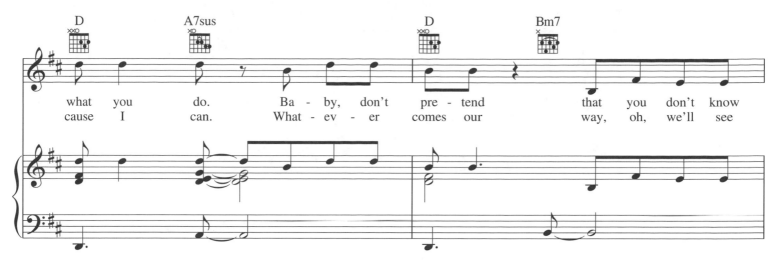

what you do. Baby, don't pre-tend that you don't know
cause I can. What-ev-er comes our way, oh, we'll see

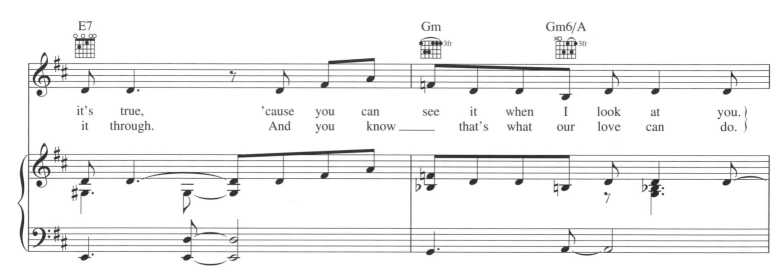

it's true, 'cause you can see it when I look at you.
it through. And you know ___ that's what our love can do.

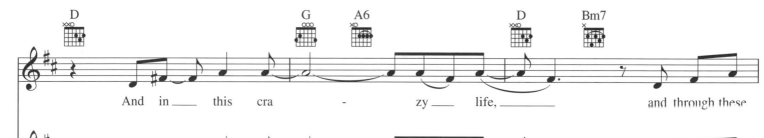

And in ___ this cra - zy ___ life, ___ and through these

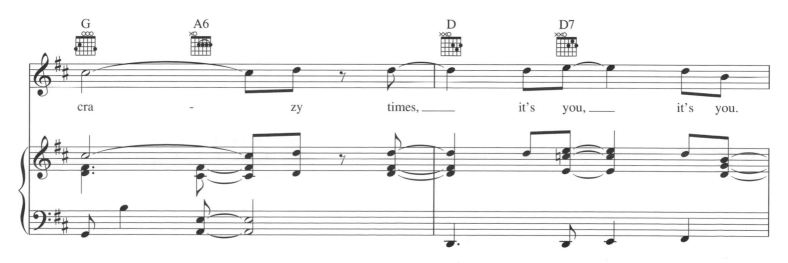

cra - zy times, ___ it's you, ___ it's you.

You make me sing. ___ You're ev -'ry line, ___ you're ev -'ry word, _

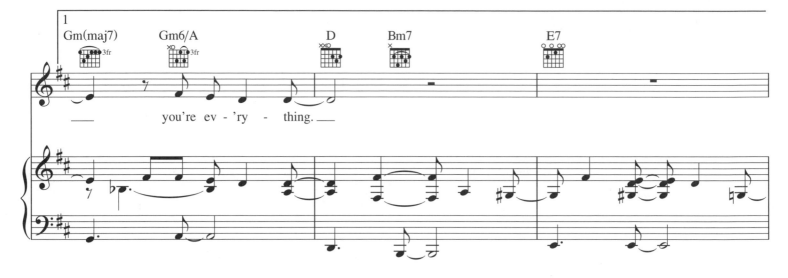

___ you're ev -'ry - thing. ___

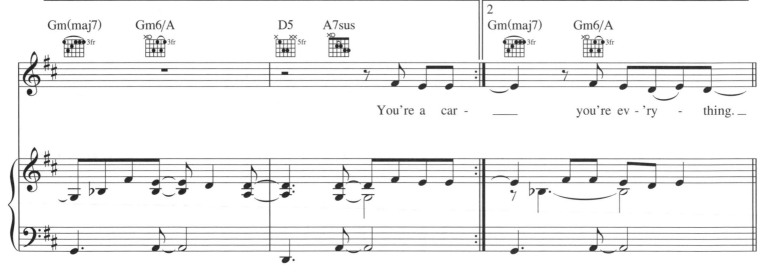

You're a car - ___ you're ev -'ry - thing. _

___ *Guitar solo ad lib.*
(Vocal 1st time only)

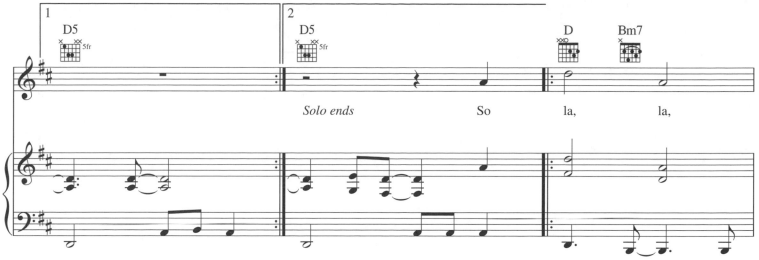

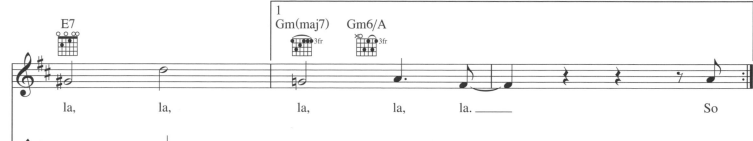

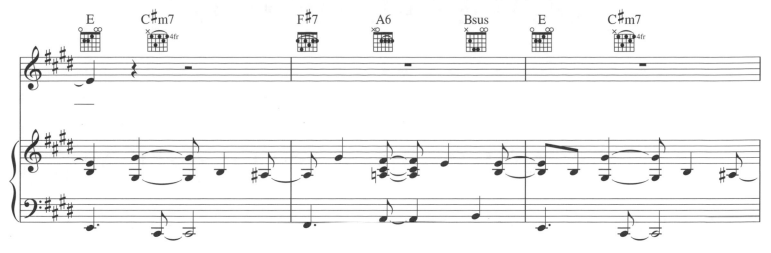

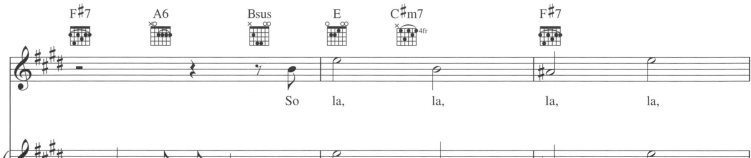

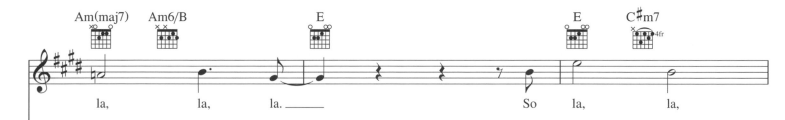

GOD GAVE ME YOU

Words and Music by
DAVE BARNES

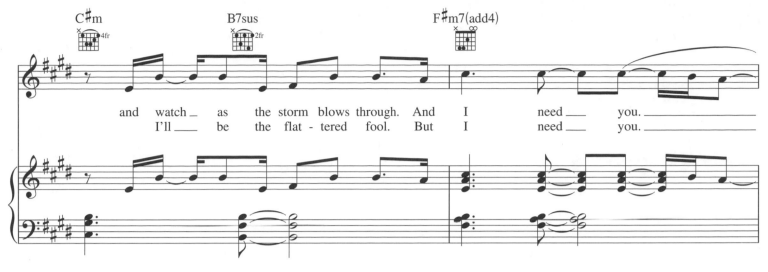

and watch __ as the storm blows through. And I __ need __ you. __
I'll __ be the flat - tered fool. But I __ need __ you. __

God __ gave me you for the ups and downs. __

God __ gave me you for the days of doubt.

For when I think __ I've __ lost my way, there are no words __

To Coda ⊕

here ___ left to say. It's true: _____

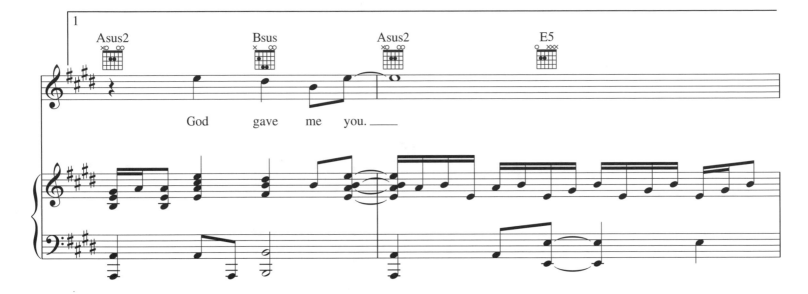

God gave me you. ___

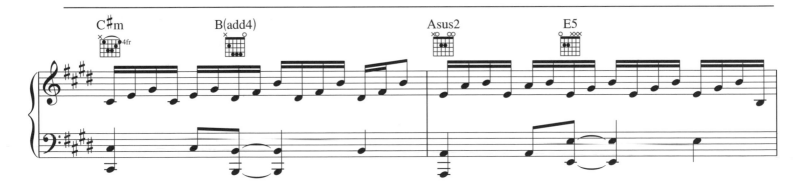

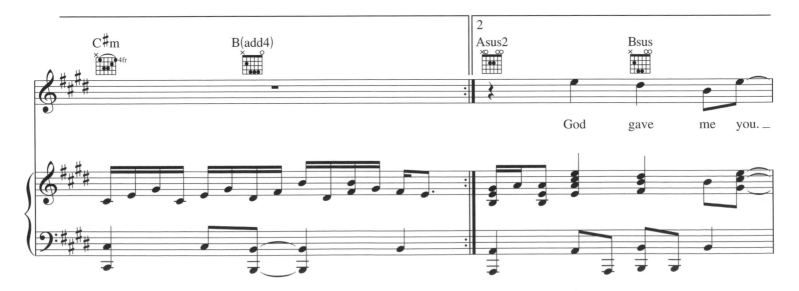

God gave me you. _

On my own, I'm on - ly half of what I could be. I

can't do with - out you.

We are stitched to - geth - er; and what love has teth - ered, I

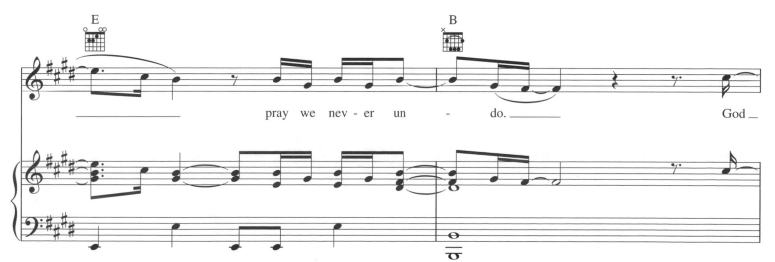

pray we nev - er un - do. God

gave __ me   you. ____

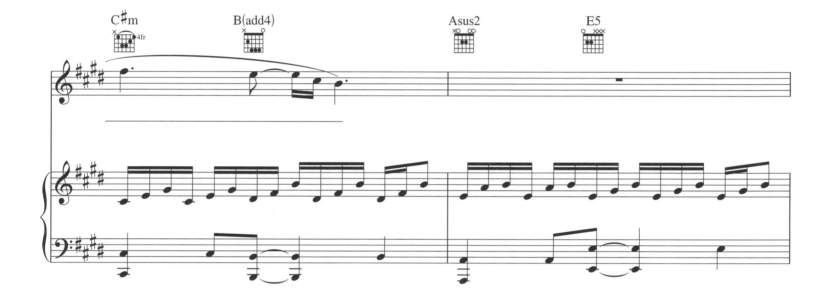

Repeat and Fade

Optional Ending

L.H.

HOLD ON, WE'RE GOING HOME

Words and Music by AUBREY GRAHAM,
PAUL JEFFERIES, NOAH SHEBIB,
JORDAN ULLMAN and MAJID AL-MASKATI

Moderate groove

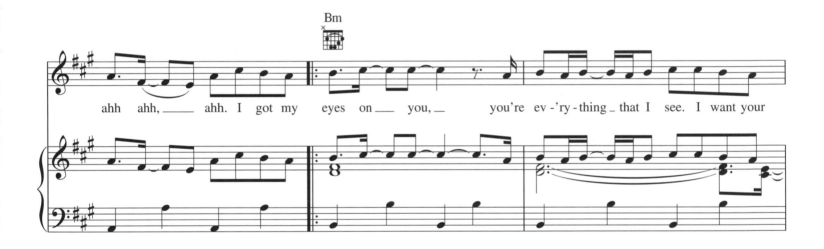

F#m11 ... E

left your mark __ on __ me. I want your hot love __ and e-mo-tion __ end-less - ly. __ 'Cause you're a

Bm ... A

good girl __ and you know it. Ahh, ahh, _____ ahh, you act so dif - f'rent __ a -round me. __

D6

Ahh, ahh, _____ ahh, 'cause you're a good girl __ and you know it. Ahh, ahh, __ ahh, I know ex -

F#m11 ... E

act - ly who __ you could be. Ahh, ahh, _____ just __ hold on, __ we're go -

ing home.　　　　　　　Ahh, ahh, _____ just __ hold on, __ we're go-

ing home.　　　　　　　Ahh, ahh, __ it's hard __ to do __ these things __

_____ a - lone. __　　　　Ahh, ahh, _____ just __ hold on, __ we're go-

-ing __ home, __ oh. _____　　　I got my　　-ing __ home, __ oh. _____

Go - ing home. _ You're _ the girl, _____ you're _ the one. _____

Gave _ you ev -'ry - thing _ I loved. _____ I think _ there's some - thing, _

ba - by. I think _ there's some - thing, _ ba - by.

'Cause you're a good girl _ and you know it. You act so
ba - by.

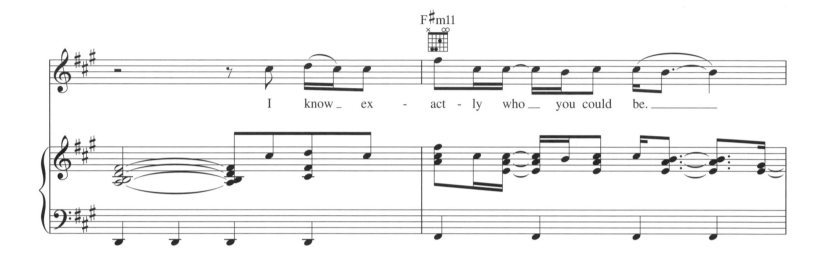

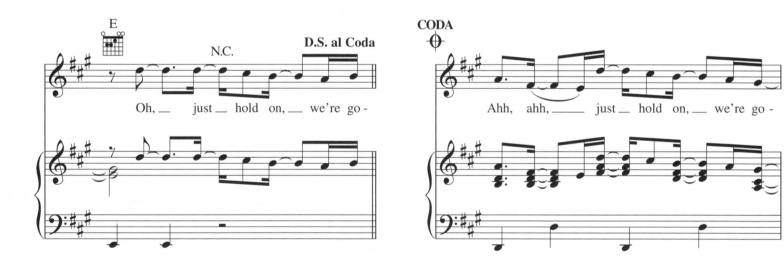

FALLIN' FOR YOU

Words and Music by COLBIE CAILLAT
and RICK NOWELS

Moderately fast

I'M YOURS

Words and Music by
JASON MRAZ

Moderately slow, with a Reggae feel

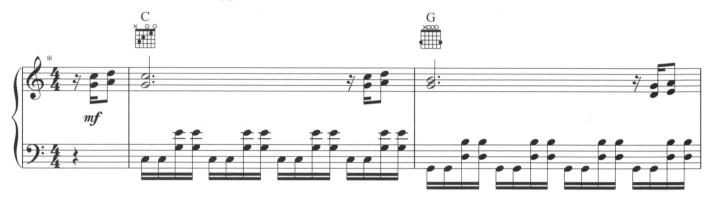

Well, _

you done done _ me in; you bet I felt _ it. I tried to be chill, _ but you're so hot that I melt - ed. I

* Recorded a half step lower.

more._ It can - not wait. I'm yours._____

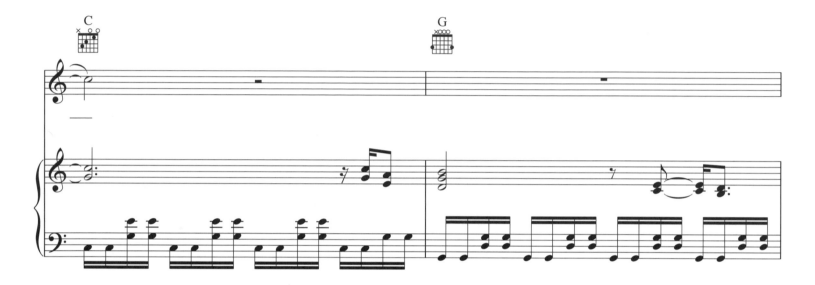

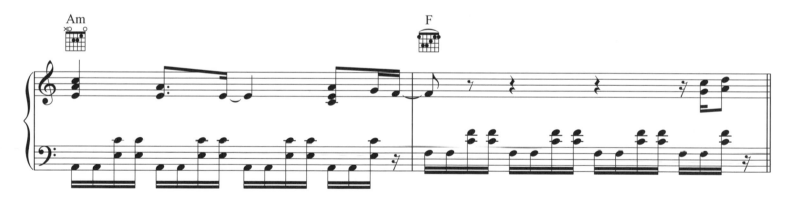

Well, o - pen up your mind and see_ like me._ O - pen up your plans and, damn,_ you're free.

more. It can - not wait. I'm sure. _____ There's no

need ___ to com - pli - cate. Our ___ time ___ is _____

short. _ This is our fate. I'm yours. _____ *Scat sing...*

Skooch on o - ver clos - er,

dear,   and I will nib-ble your ear. _____   *Scat sing…*

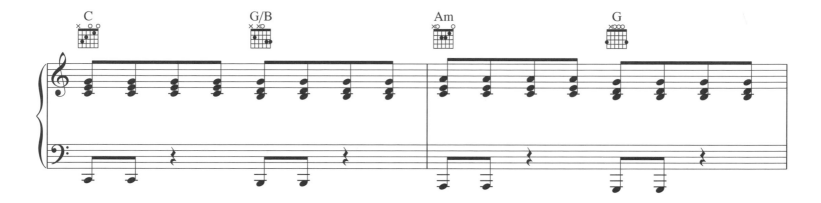

I've been spend-ing

way too long __ check-ing my tongue in the mir - ror and bend-ing o-ver back-wards just to try to see it clear-er. But

more. ___ It can - not wait. I'm yours. _____

O - pen up your mind and see like me. ___ O - pen up your plans and, damn, you're free. ___
(I won't hes - i - tate no more, no

___ Look in - to your heart and you'll find ___ that the sky ___ is yours. _____ So
more. It can - not wait. I'm sure. _____ No

please don't, please don't, please don't... There's no need to com - pli - cate 'cause our time
need to com - pli - cate. Our time is

____ is short. ____ This is, this is, this is our fate. I'm yours. _____ *Scat sing...*
short. This is our fate. I'm yours.) _____

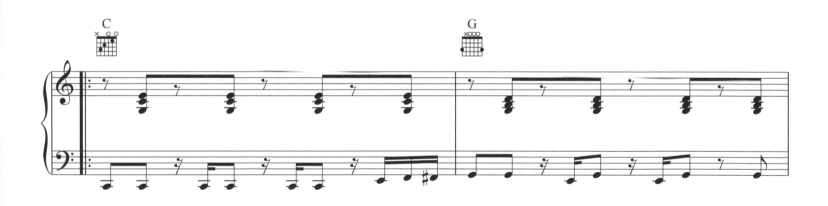

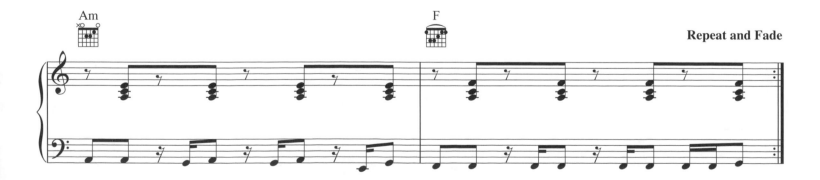

Repeat and Fade

JUST A KISS

Words and Music by HILLARY SCOTT,
DALLAS DAVIDSON, CHARLES KELLEY
and DAVE HAYWOOD

Moderately slow

Female:
Ly - in' here _ with you _ so close to me, ___ it's hard to fight _ these feel -

- in's when it feels _ so hard to breathe. _ I'm caught up in _ this mo -

* *Recorded a half step lower.*

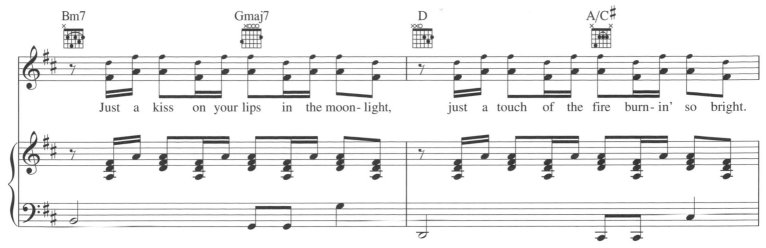

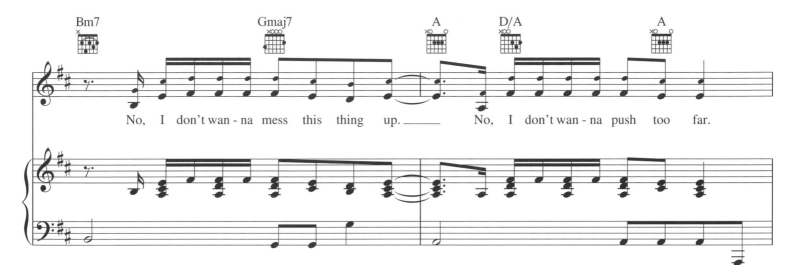

Just a kiss on your lips in the moon- light, just a touch of the fire burn- in' so bright.

No, I don't wan - na mess this thing up. _____ No, I don't wan - na push too far.

Just a shot in the dark that you just might be the one _ I've been wait - in' for _ my whole _

_ life. So, ba - by, I'm _ al - right _ with just a kiss good - night. _

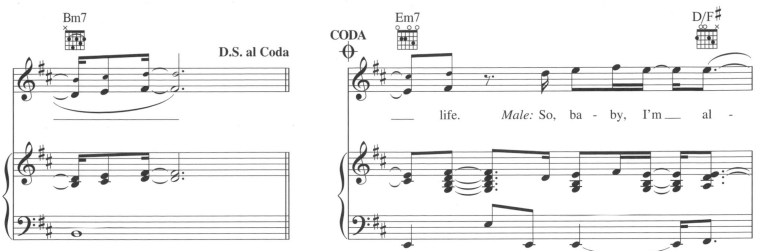

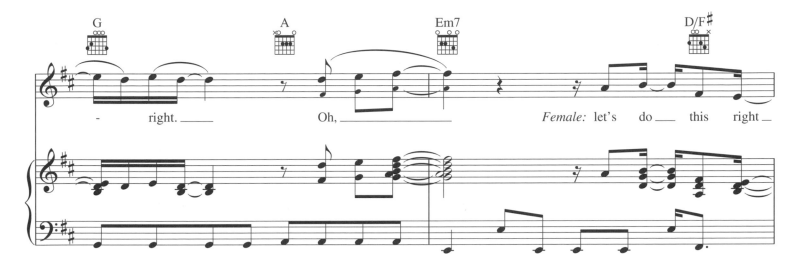

JUST THE WAY YOU ARE

Words and Music by BRUNO MARS,
ARI LEVINE, PHILIP LAWRENCE,
KHARI CAIN and KHALIL WALTON

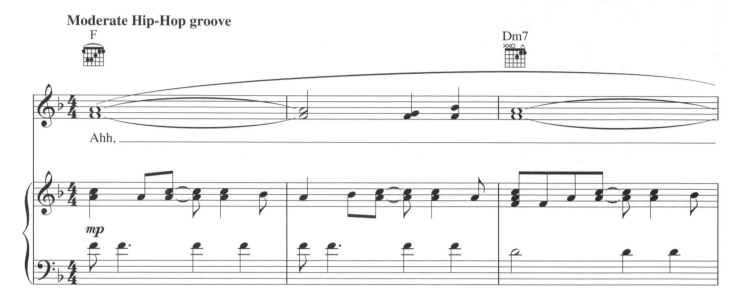

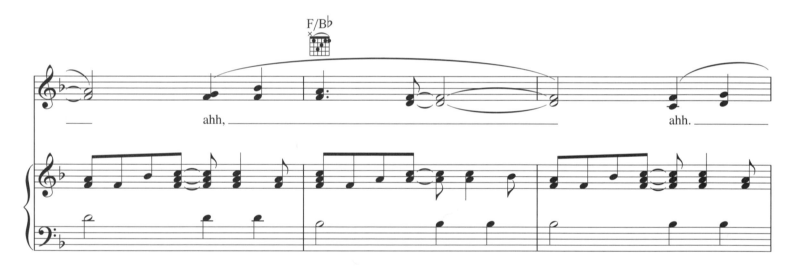

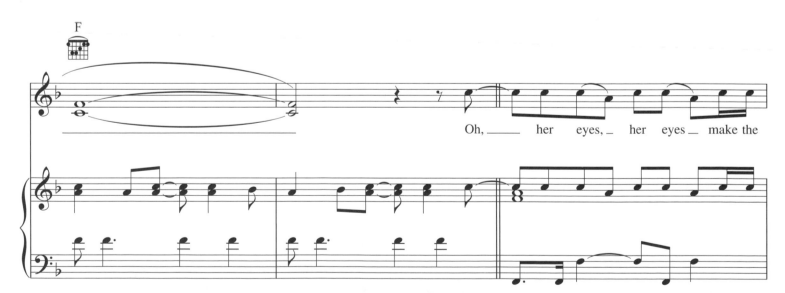

But ev-'ry time __ she asks __ me, "Do __ I look __ o - kay?" __ I __ say: __

When I see your face, ___ there's not a thing __ that I ___ would change, __

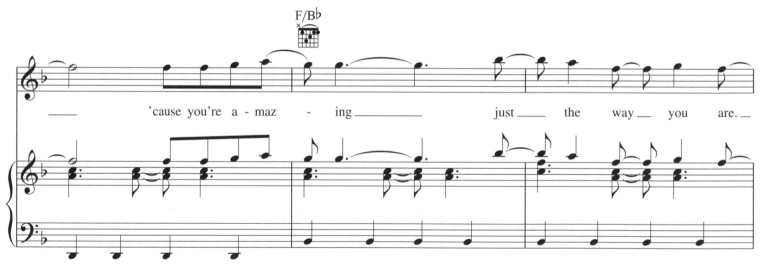

___ 'cause you're a - maz - ing _____ just ___ the way __ you are. __

___ And when you smile, __

the whole world stops ___ and stares ___ for a while, ___ 'cause, girl, you're a - maz -

- ing _____ just ___ the way ___ you are. ___

Yeah. ___ Her lips, ___ her lips, ___ I could kiss them all day if ___ she'd let me.

Her laugh, ___ her laugh, ___ she hates but I ___ think it's ___ so sex - y. She's so beau - ti - ful, ___

CODA

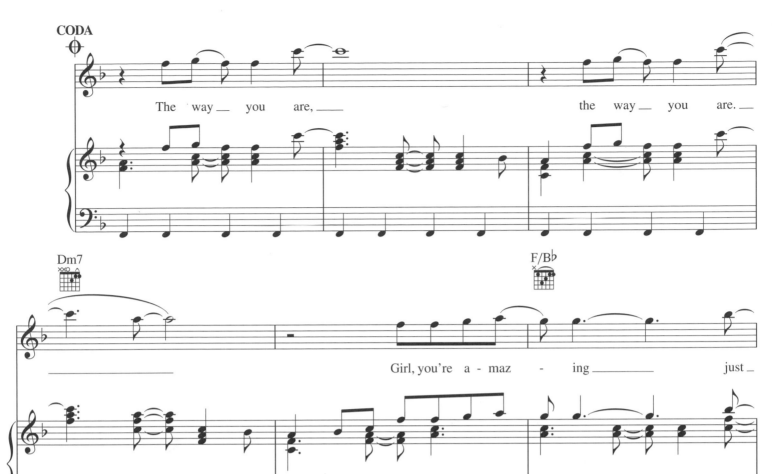

The way you are, _____ the way you are. _____

Dm7   F/B♭

Girl, you're a-maz - ing _____ just _____

F

_____ the way you are. _____ When I see your face, _____

Dm7

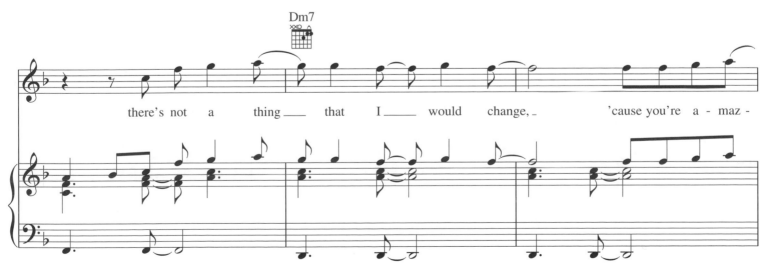

there's not a thing _____ that I _____ would change, _____ 'cause you're a-maz -

KISS ME

Words and Music by ED SHEERAN,
JULIE FROST, JUSTIN FRANKS
and ERNEST WILSON

Moderately slow

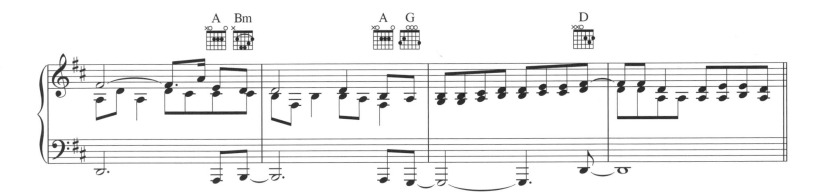

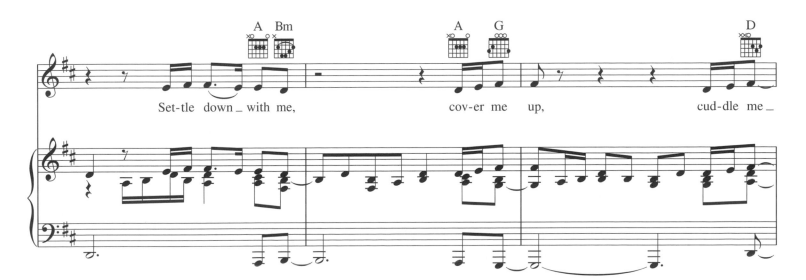

dy.   I __ was made __ to keep __ your bod - y warm, __   but I'm

cold as __ the wind blows, so   hold _____ me in __ your arms. _____   Oh,

CODA

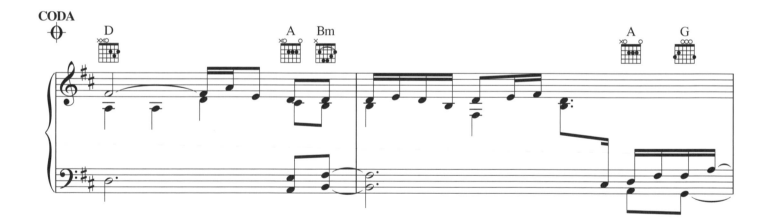

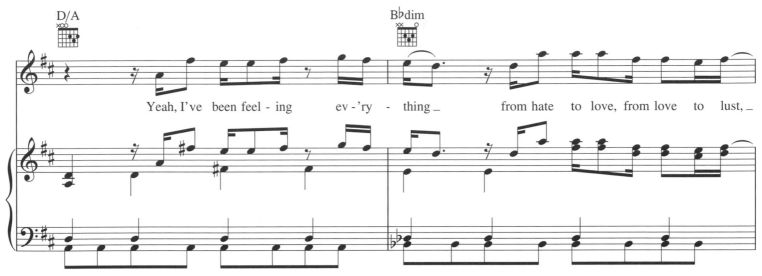

Yeah, I've been feel-ing ev-'ry-thing _ from hate to love, from love to lust, _

___ from lust to truth, I guess that's how I know _____ you. So, ___ hold ____

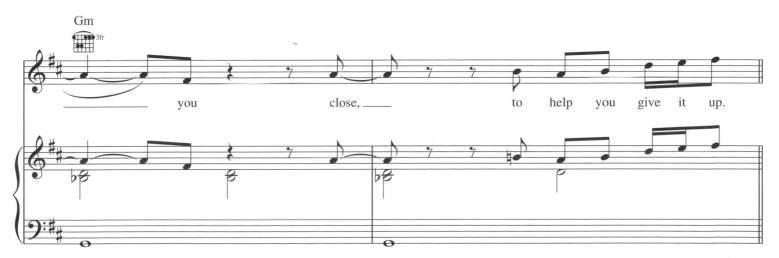

_____ you close, ___ to help you give it up.

So, kiss____ me____ like you wan-na be____ loved, you wan-na be____

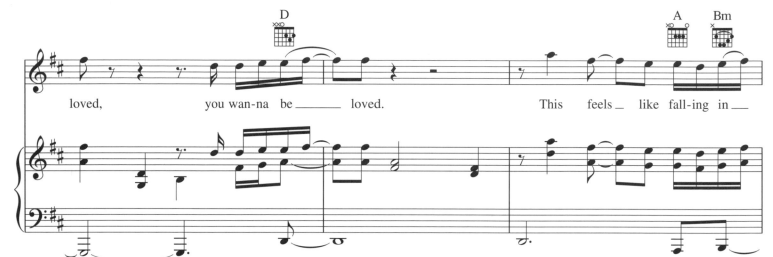

loved, you wan-na be____ loved. This feels____ like fall-ing in____

love,____ fall-ing in love, fall-ing in love.____

Kiss me____ like you wan-na be____ loved, you wan-na be____

loved,   you wan - na be _____ loved.

This   feels _____ like fall - ing in _____ love, _____   fall - ing in

love, _____   fall-ing in love. __

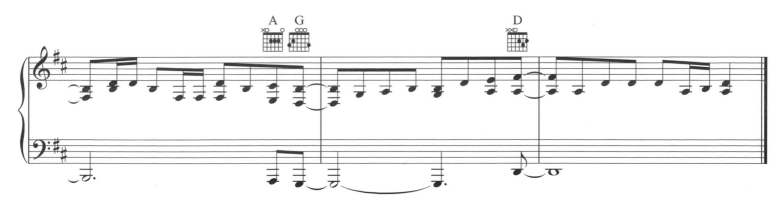

LITTLE THINGS

Words and Music by ED SHEERAN
and FIONA BEVAN

Your hand fits in mine like it's made __ just for me; __ but, bear this in mind, __ it was __

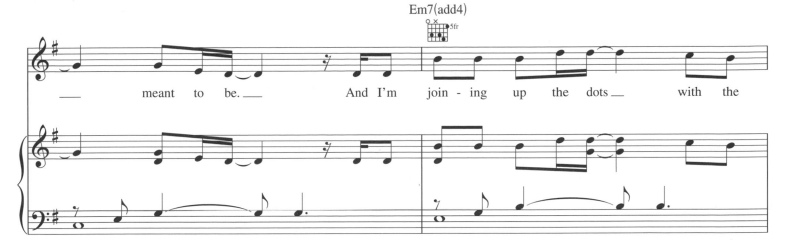

meant to be. __ And I'm join - ing up the dots __ with the

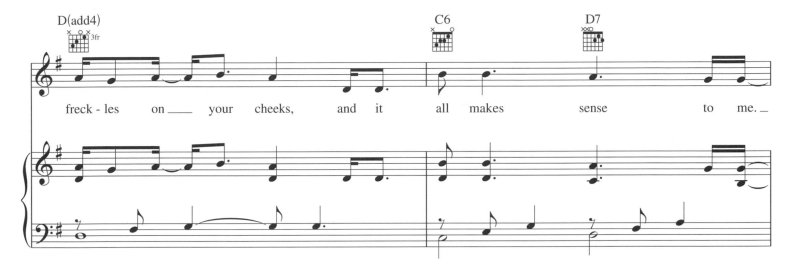

freck - les on __ your cheeks, and it all makes sense to me. __

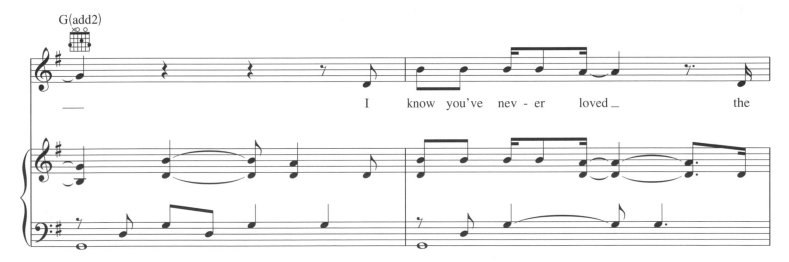

__ I know you've nev - er loved __ the

crin - kles by your eyes __ when you smile. __ You've nev - er loved __ your

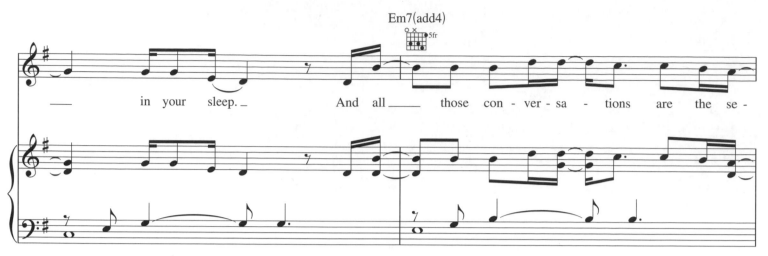

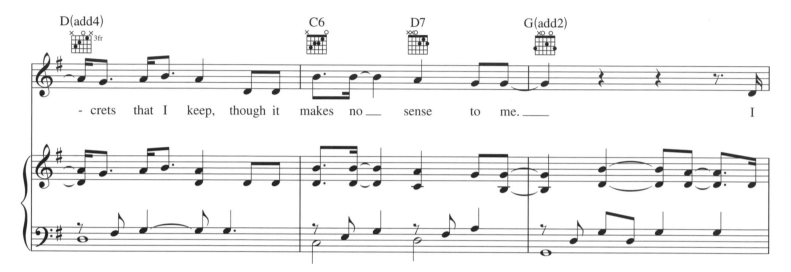

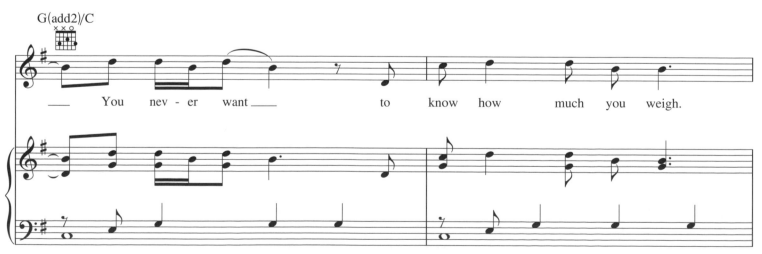

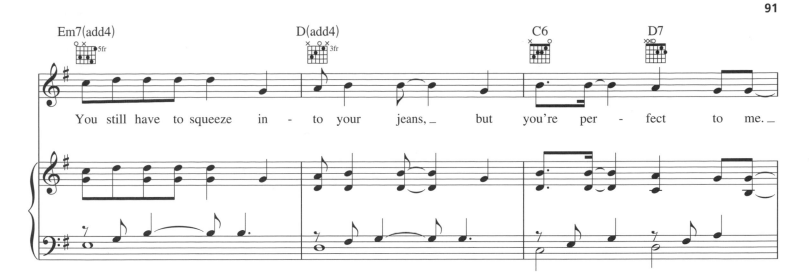

You still have to squeeze in - to your jeans, _ but you're per - fect to me. _

D.S. al Coda

CODA

and all these lit - tle things. _

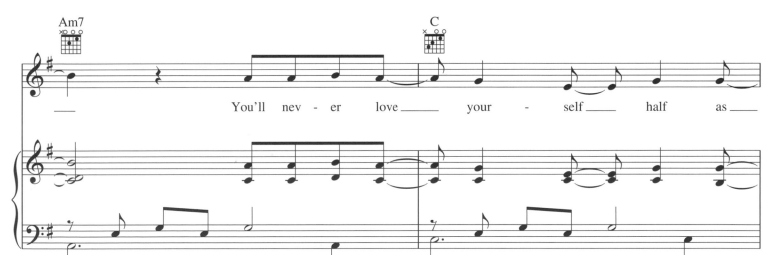

You'll nev - er love _ your - self _ half as _

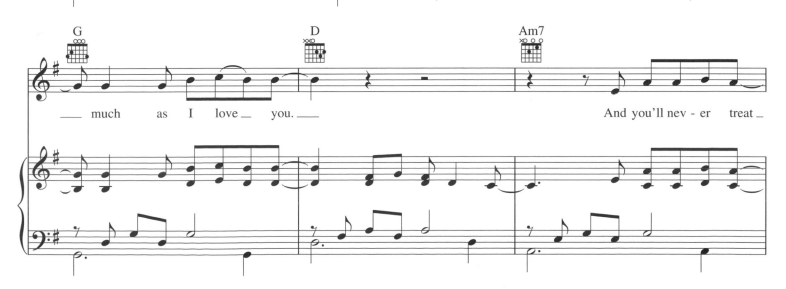

_ much as I love _ you. _

And you'll nev - er treat _

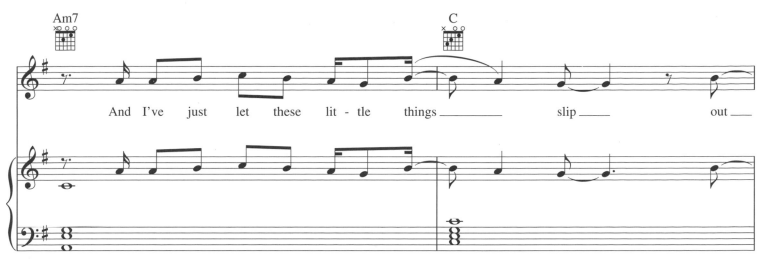

And I've just let these lit-tle things _____ slip _____ out _____

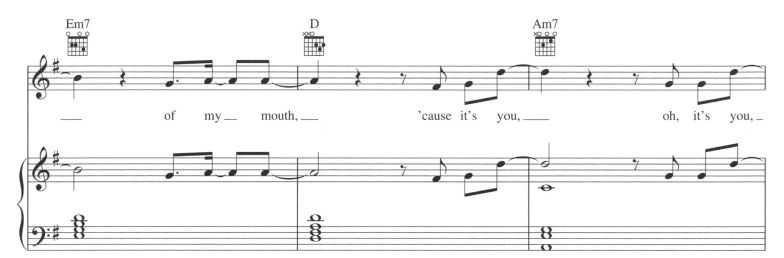

_____ of my _ mouth, ___ 'cause it's you, ___ oh, it's you, _

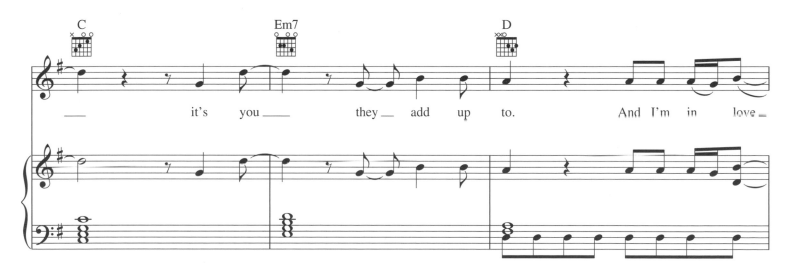

_ it's you ___ they _ add up to. And I'm in love _

_____ with you ___ and all these lit-tle things. _

LOVE SOMEBODY

Words and Music by ADAM LEVINE,
NATHANIEL MOTTE, RYAN TEDDER
and NOEL ZANCANELLA

Pop Rock

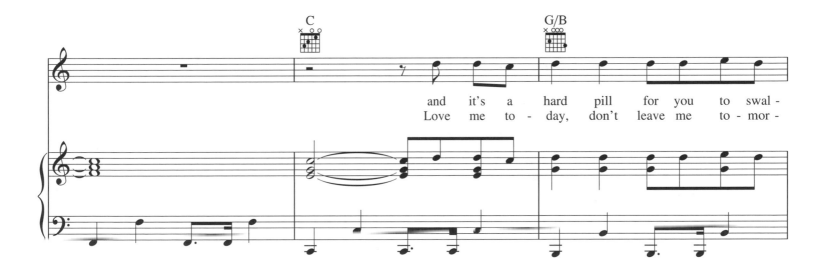

I know your in-sides are feel-ing so hol-low,
You're such a hard act __ for me to fol-low.

and it's a hard pill for you to swal-
Love me to-day, don't leave me to-mor-

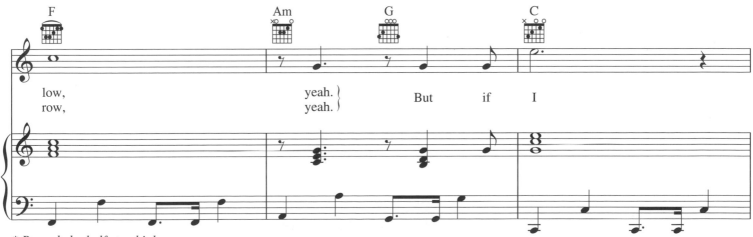

low, yeah.
row, yeah.

But if I

* Recorded a half step higher.

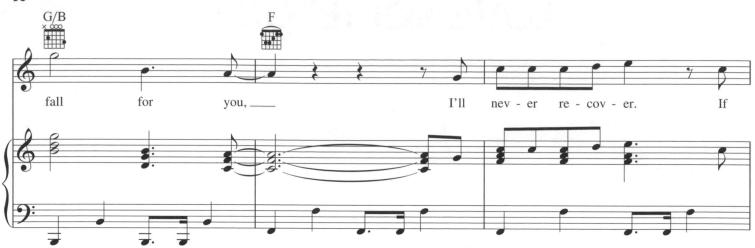

fall   for   you, ___   I'll   nev - er   re - cov - er.   If

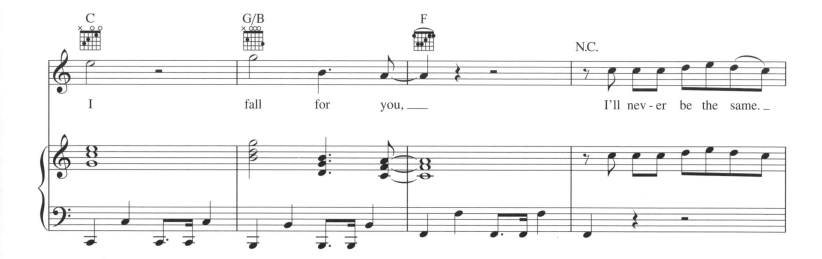

I   fall   for   you, ___   I'll nev - er be the same. __

I   real - ly wan - na   love some - bod - y.   I   real - ly wan - na

dance   the   night   a - way. ___   I   know we're on - ly   half - way ___   there,   but   you can

take me all ___ the way, ___ you can take me all ___ the way. ___

I real - ly wan - na touch some - bod - y. ___ I think a - bout you

ev - 'ry sin - gle day. ___ I know we're on - ly half - way ___ there, but you can

take me all ___ the way, ___ you can take me all ___ the way. ___

take me all ___ the way. _____ Whoa, _____

whoa, _____ whoa, _____ oh, oh, oh.

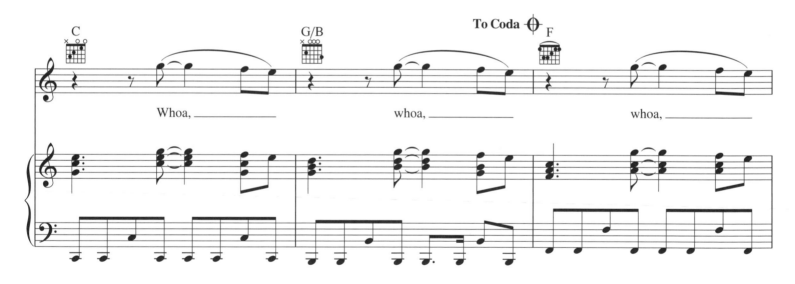

Whoa, _____ whoa, _____ whoa, _____

To Coda

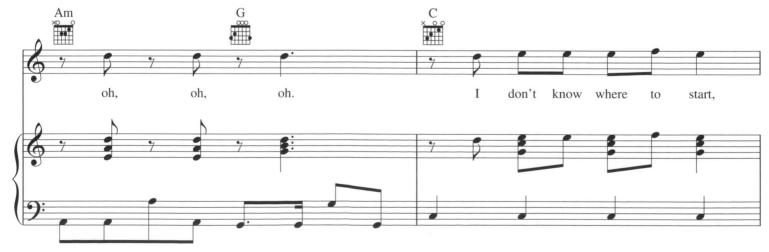

oh, oh, oh. I don't know where to start,

I'm just a lit-tle lost. I wan-na feel like we're nev-er gon-na ev-er stop.

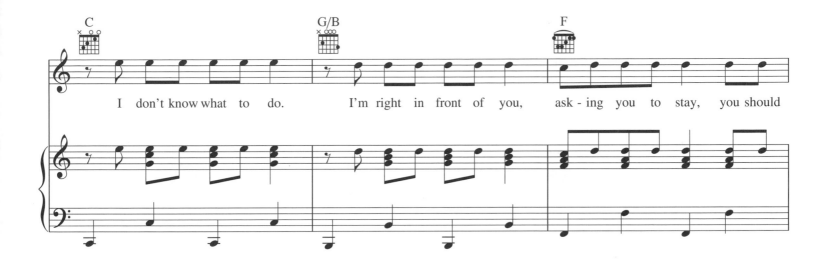

I don't know what to do. I'm right in front of you, ask-ing you to stay, you should

stay, stay with me to-night, ___ yeah. ___

D.S. al Coda
(take 2nd ending)

CODA

take me all ___ the way, ___ you can take me all ___ the way. ___

THE LUCKIEST

Words and Music by
BEN FOLDS

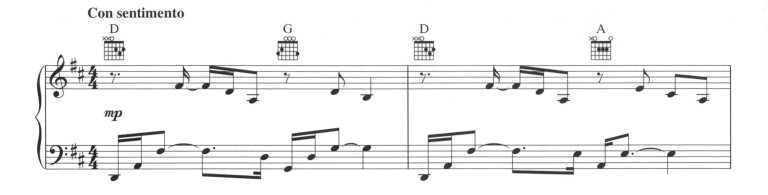

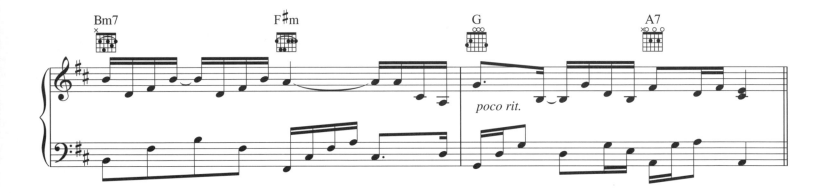

I don't get man-y things __ right __ the first __ time. __ In

I'd been born fif - ty years __ be - fore you in __ a house __

door there's an old __ man who lived in - to his nine - ties and __ one day __

fact,   I am told   that a lot. ____   Now I know _
____ on the street   where you live? ___   May-be I'd ___
____ passed a-way   in his sleep. __   And his wife, _

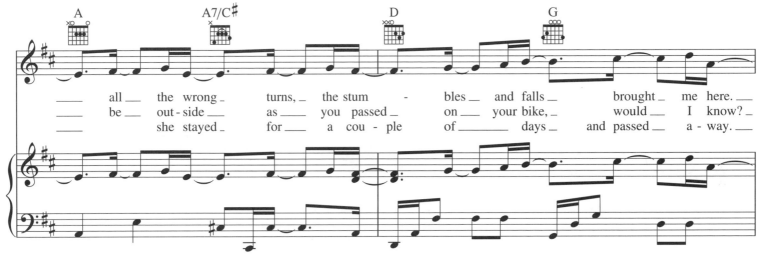

____ all __ the wrong _ turns, _ the stum - bles _ and falls _ brought _ me here. __
____ be out-side __ as __ you passed _ on __ your bike, _ would __ I know? _
____ she stayed _ for __ a cou-ple of _____ days _ and passed __ a-way. __

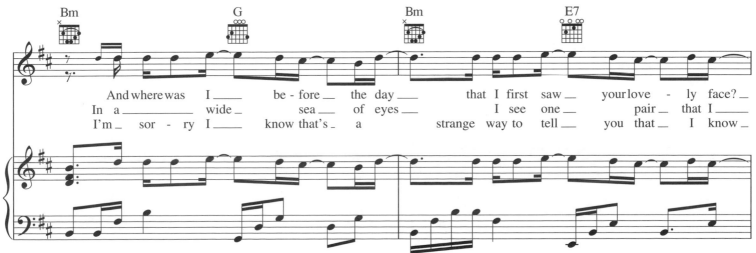

And where was I ____ be-fore __ the day __ that I first saw _ your love - ly face? _
In a _____ wide __ sea __ of eyes __ I see one __ pair _ that I ____
I'm _ sor - ry I ____ know that's _ a strange way to tell __ you that _ I know __

Now I see it ev-'ry day ___ and I ___
rec-og-nize ___ and I ___
we be-long, that I ___

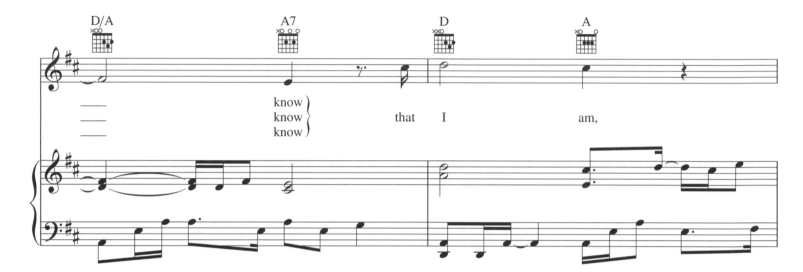

know
know that I am,
know

I am, I am the

luck-i-est.

What if I love_ you more_ than I ____ have

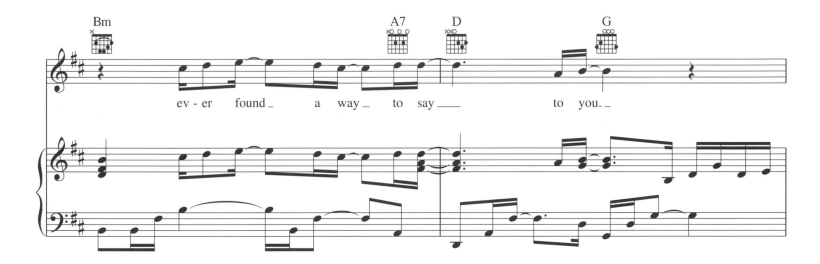

ev - er found_ a way_ to say ____ to you. _

D.S. al Coda

Next

CODA

luck-i-est.

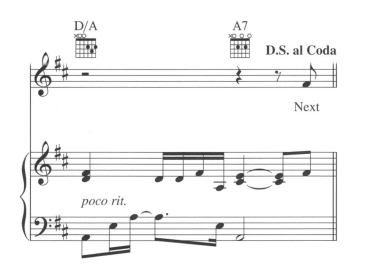

poco rit.

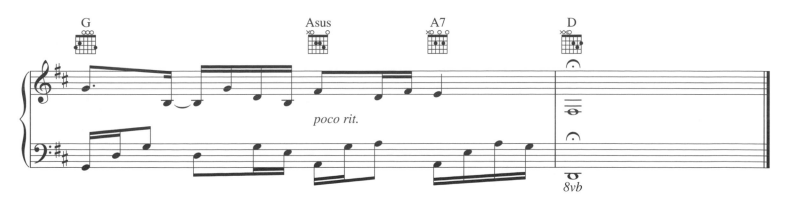

poco rit.

MARRY ME

Words and Music by
PAT MONAHAN

Moderately, in 2

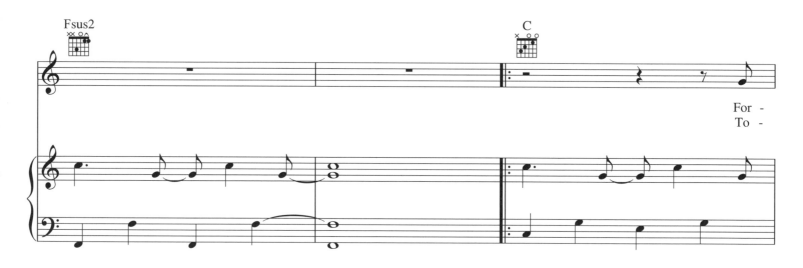

For -
To -

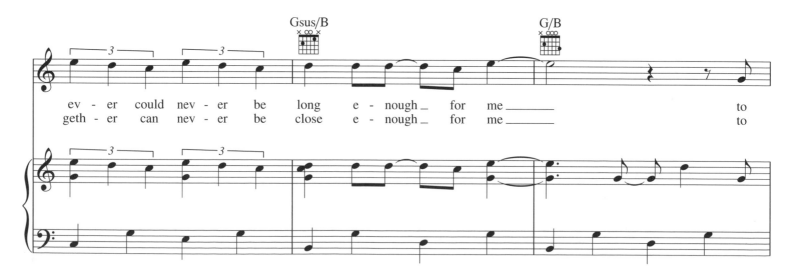

ev - er could nev - er be long e - nough __ for me _____ to
geth - er can nev - er be close e - nough __ for me _____ to

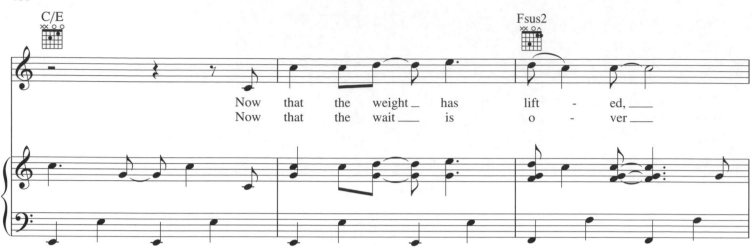

Now that the weight __ has lift - ed, __
Now that the wait __ is o - ver __

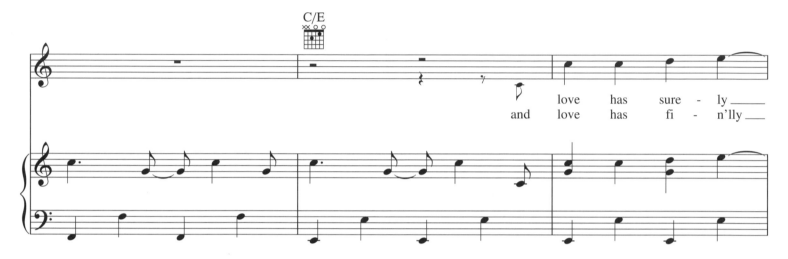

__ love has sure - ly __
and love has fi - n'lly __

__ shift - ed my way, __ mar -
__ showed __ her my way, __

- ry me,

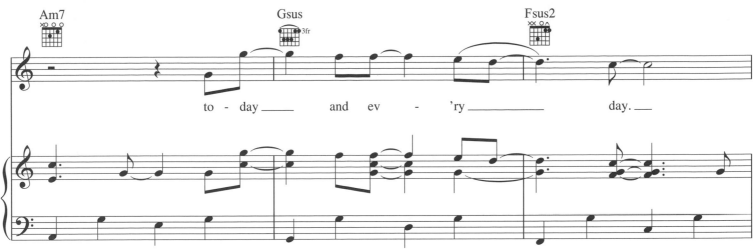

to - day ____ and ev - 'ry _____ day. ____

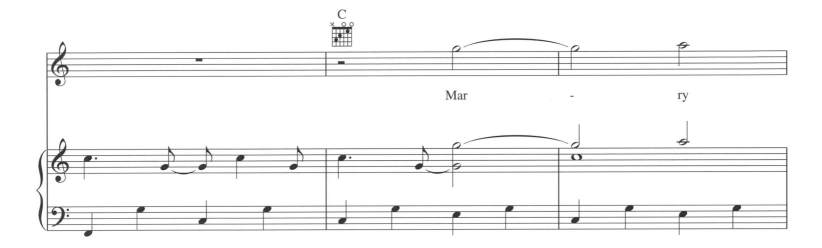

Mar - ry

me. If I ev - er get ____ the nerve ____

____ to say ____ "hel - lo" _____ in this ____ ca -

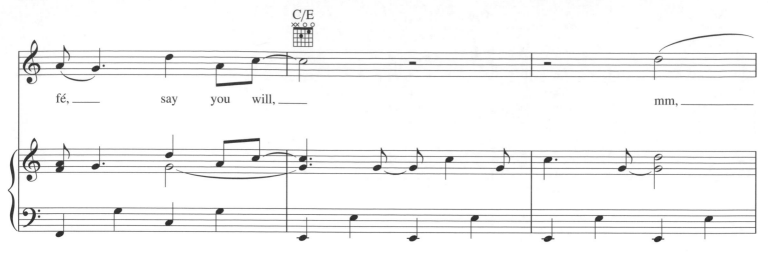

fé, ____ say you will, ____ mm, ____

say ___ you will, ____

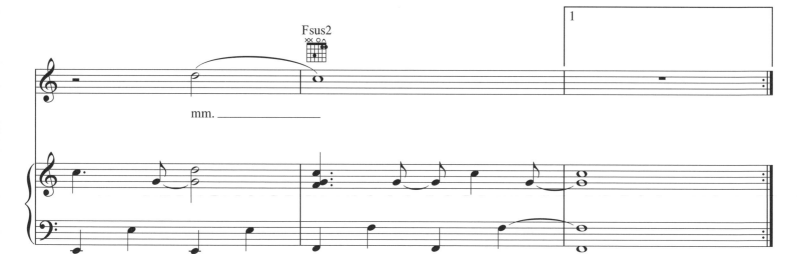

mm. ____

Prom - ise me

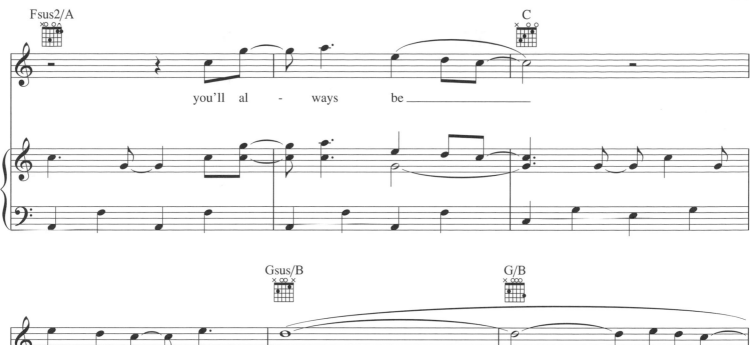

you'll al - ways be _____

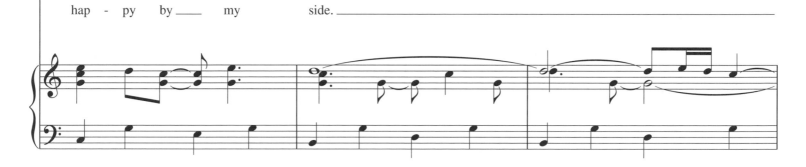

hap - py by ___ my side. _____

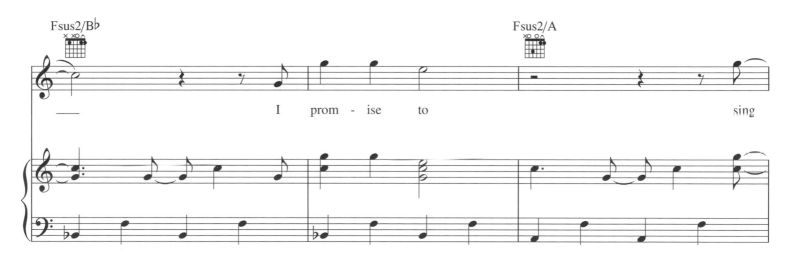

___ I prom - ise to _____ sing

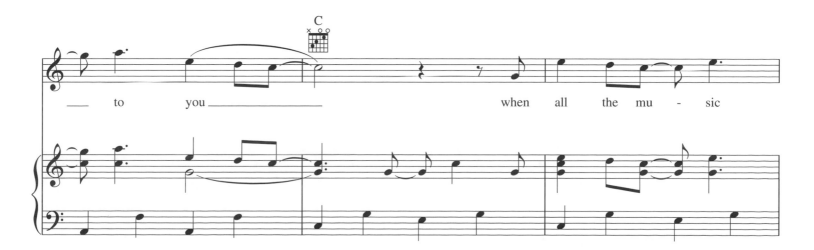

___ to you _____ when all the mu - sic

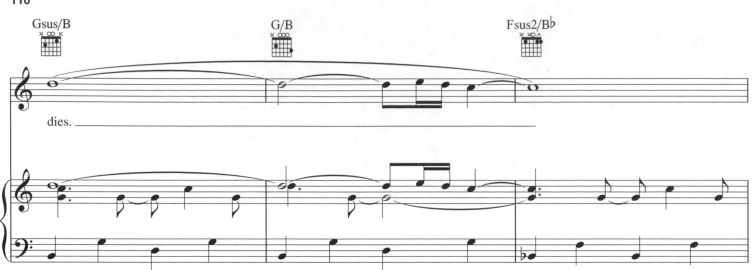

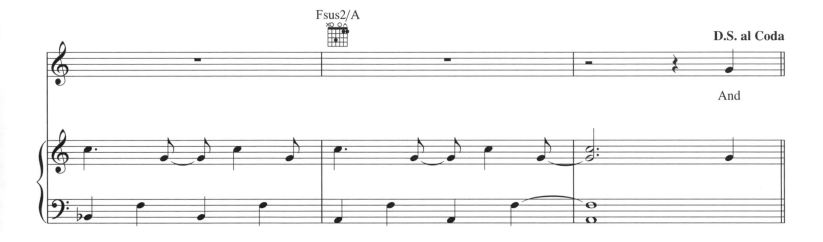

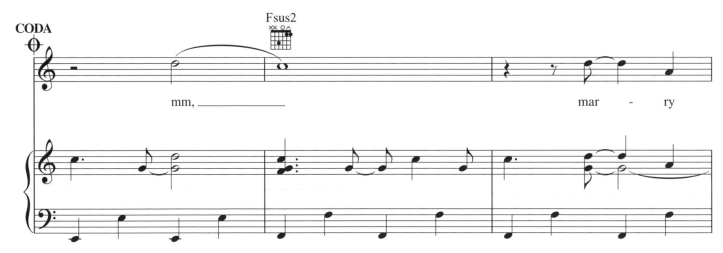

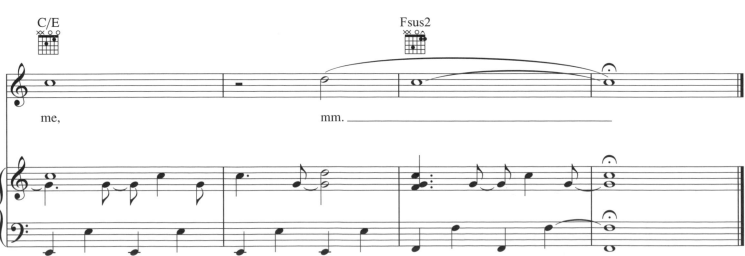

MIRRORS

Words and Music by JUSTIN TIMBERLAKE,
JAMES FAUNTLEROY, JEROME HARMON,
TIM MOSLEY, CHRIS GODBEY and GARLAND MOSLEY

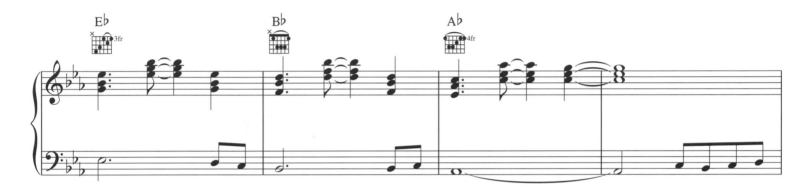

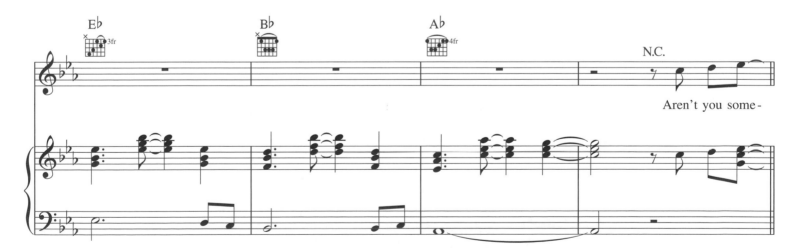

Aren't you some-

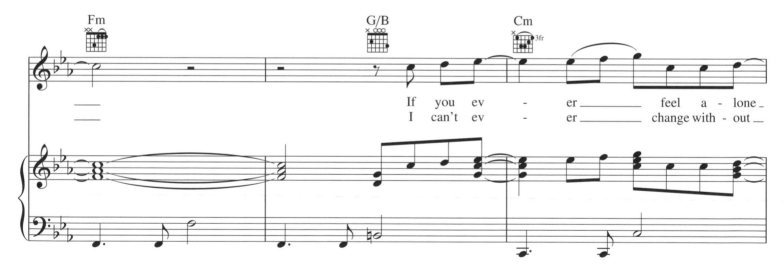

-ways par-al-lel___ on the oth-er side.___
___ I would look at___ us___ all the time.___

'Cause with your hand in my hand___ and a pock-et full of soul, I can tell you there's no___

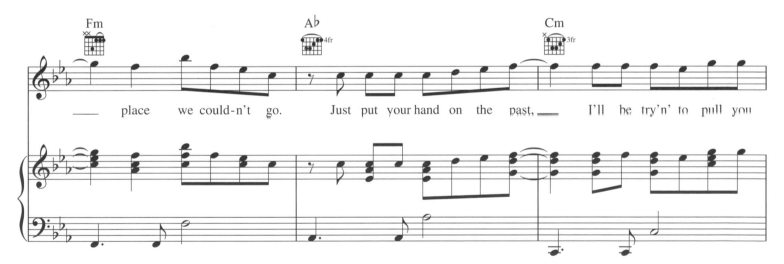

___ place we could-n't go. Just put your hand on the past,___ I'll be try'n' to pull you

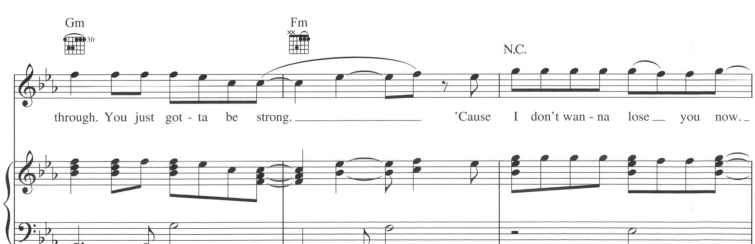

through. You just got-ta be strong.___ 'Cause I don't wan-na lose___ you now.___

You were right ___ here all a - long. ___

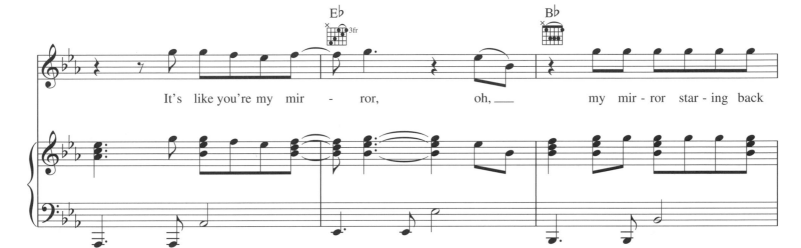

It's like you're my mir - ror, oh, ___ my mir - ror star - ing back

at me, I could - n't get an - y big - ger, oh,

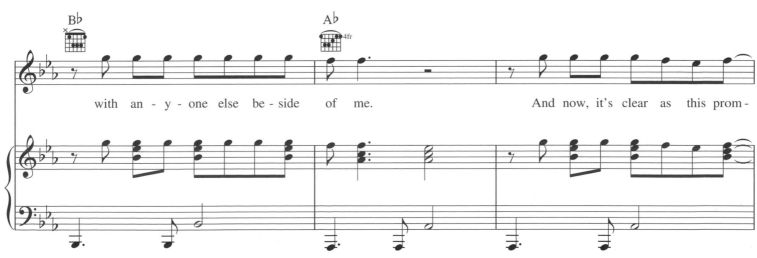

with an - y - one else be - side of me. And now, it's clear as this prom -

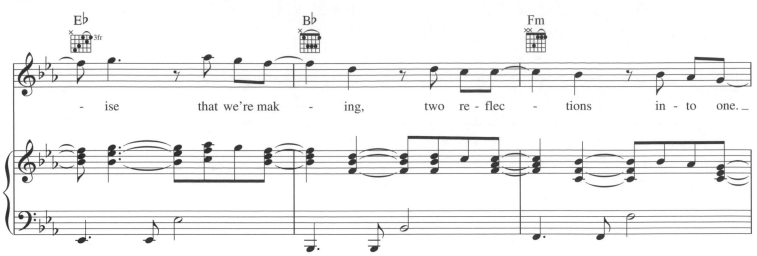

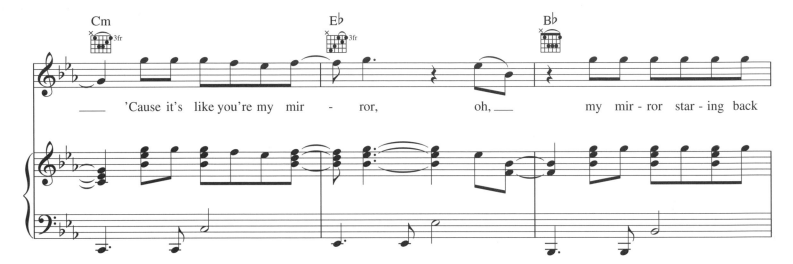

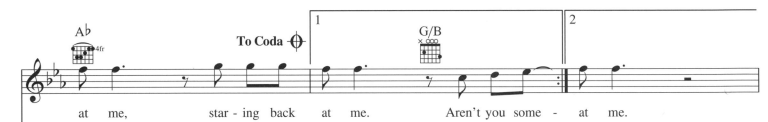

his - to - ry, _____ oh;

to - mor - row's a mys - ter - y, oh. _____

I can see you look - ing back at me. Keep your eyes on me,

D.S. al Coda

ba - by, keep your eyes on me. 'Cause I don't wan - na lose ___ you now. ___

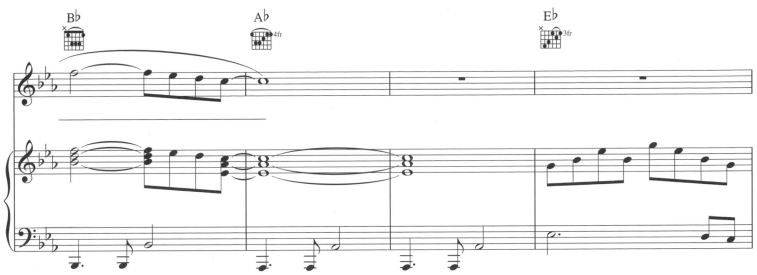

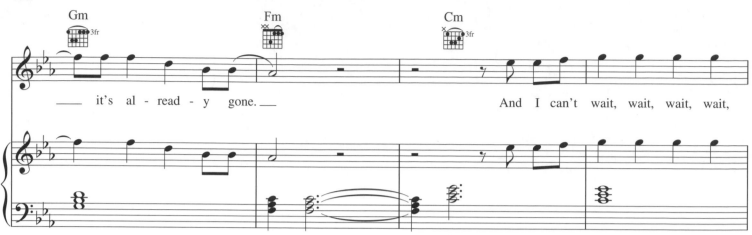

___ it's al - read - y gone. ___ And I can't wait, wait, wait, wait,

wait to get you home, ___ just to let you know, you are... ___

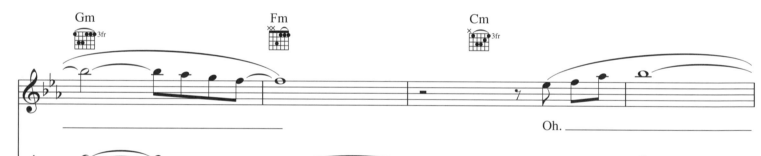

Oh. ___

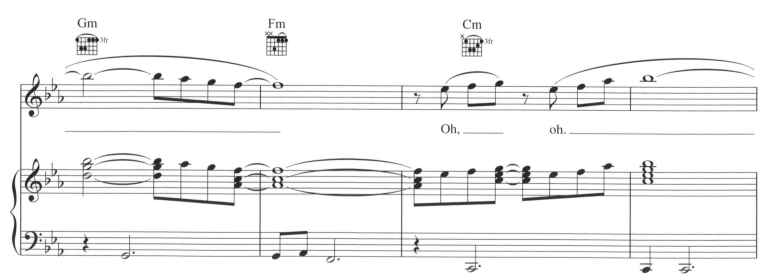

Oh, ___ oh. ___

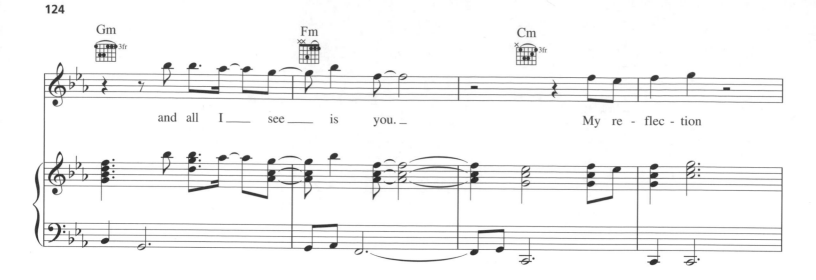

and all I ___ see ___ is you. ___ My re - flec - tion

in ev - 'ry - thing I do. Oh. ___

Oh. ___

Oh, ___ oh. ___

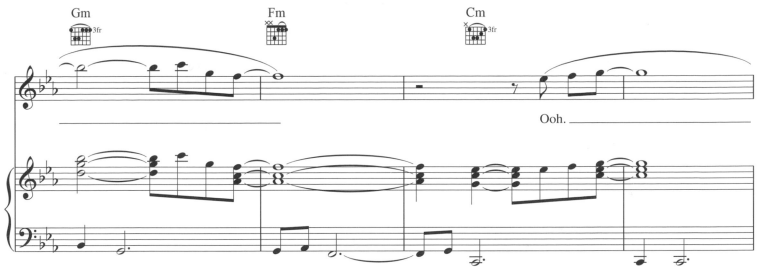

Ooh. _____

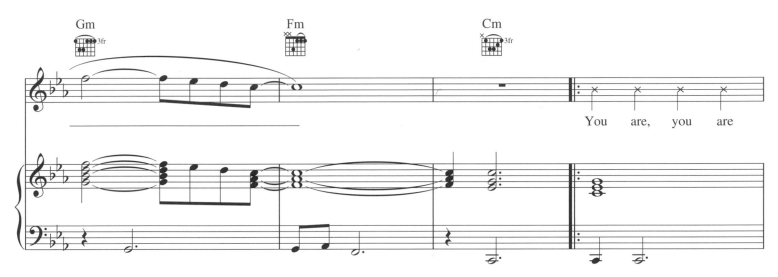

You are, you are

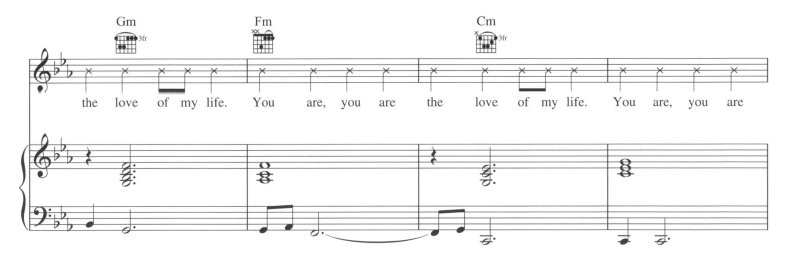

the love of my life. You are, you are the love of my life. You are, you are

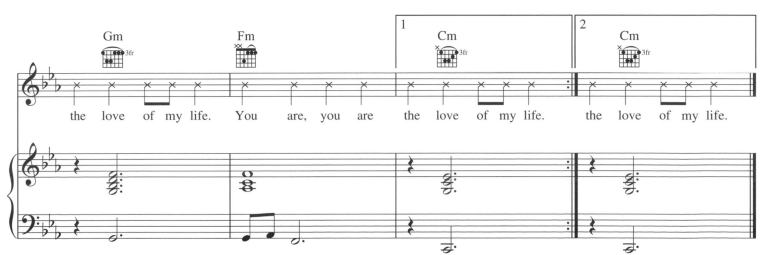

the love of my life. You are, you are the love of my life.   the love of my life.

NO ONE

Words and Music by ALICIA KEYS,
KERRY BROTHERS, JR. and GEORGE HARRY

Moderately, with a beat

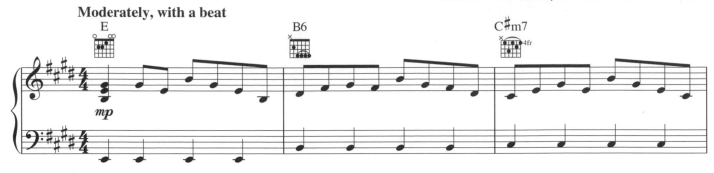

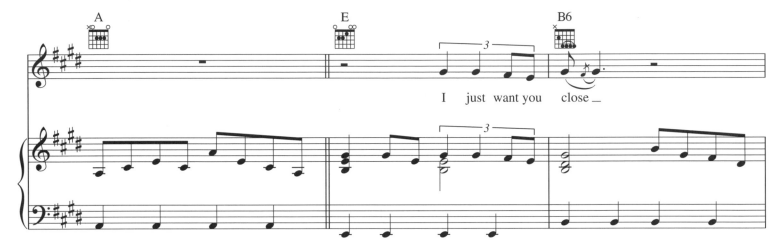

I just want you close __

where you can stay __ for-ev __ er. __ You __ can be __

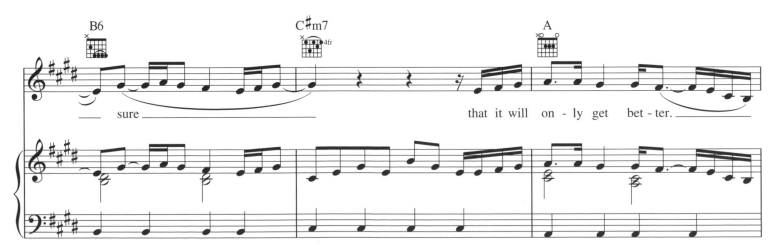

__ sure __ that it will on - ly get bet - ter.

You_ and me to-geth-er___ through the days and nights._

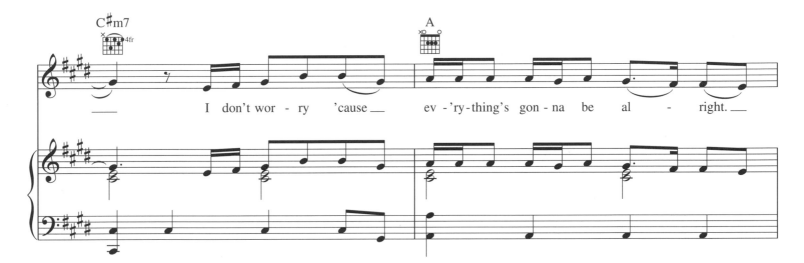

_ I don't wor-ry 'cause _ ev-'ry-thing's gon-na be al - right._

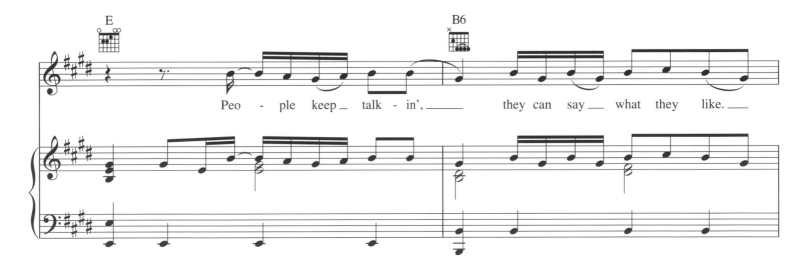

Peo - ple keep _ talk-in',___ they can say _ what they like. _

But _ all I know_ is ev-'ry-thing's gon-na be al - right.___ And no _ one, no _

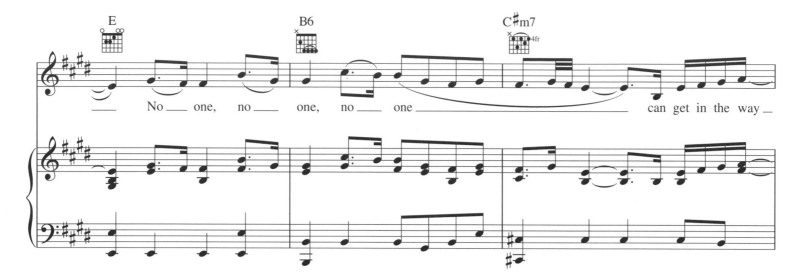

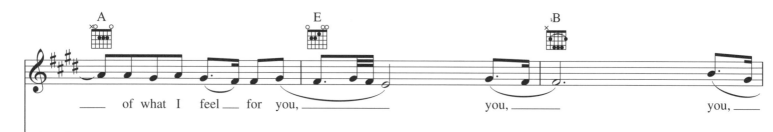

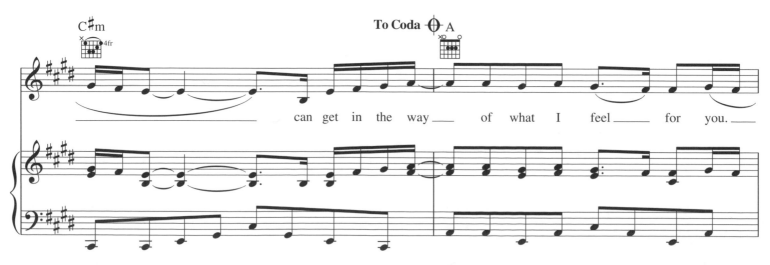

When the rain is pour - in' down _____

_____ and my heart is hurt - in', ____ you will al - ways _ be a -

round _____ This I know for cer - tain. ____

D.S. al Coda

CODA

____ of what I feel. ____ I know _____ some peo - ple

search the world   to find ____ some-thin' like what we have. _____ I

know ___ peo-ple will try, try to di-vide some-thin' so real. ___ So, 'til the

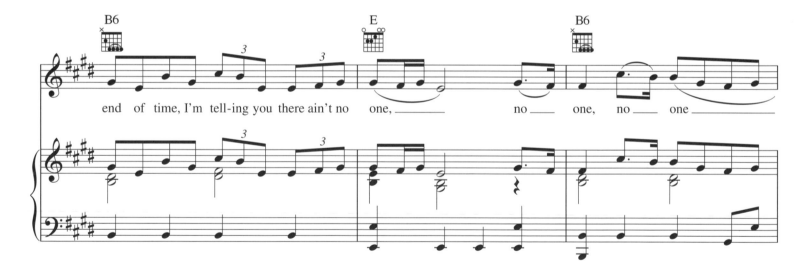

end of time, I'm tell-ing you there ain't no one, ____ no __ one, no __ one ____

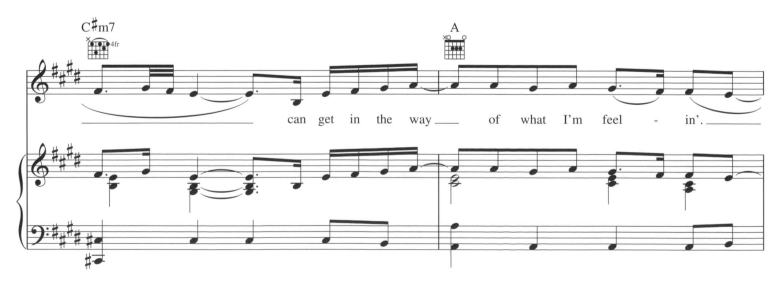

_____ can get in the way ___ of what I'm feel - in'. ____

No one, no one, no one

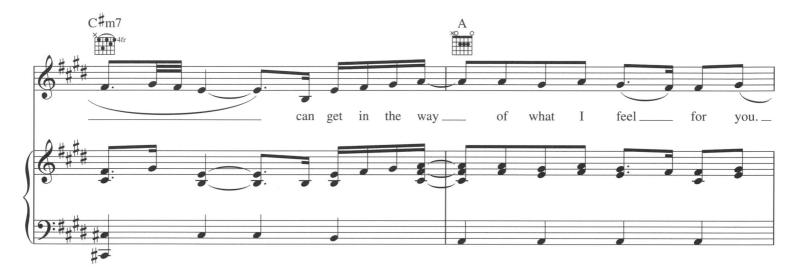

can get in the way of what I feel for you.

Oh, oh, oh, oh, oh, oh, oh, oh, oh,

oh, oh, oh, oh, oh, oh, ho, oh, ho, oh, ho, oh, ho, oh. Oh, oh, oh, oh,

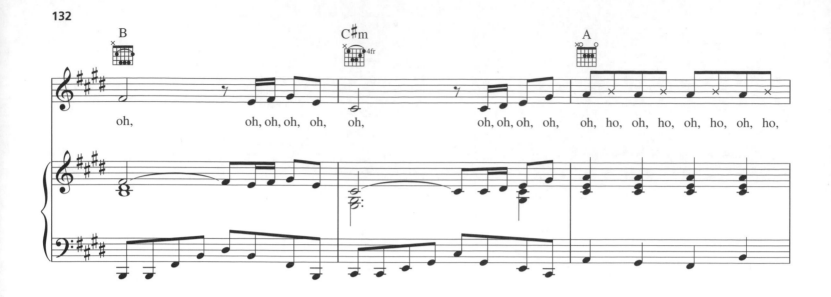

oh,   oh, oh, oh, oh,   oh,   oh, oh, oh, oh,   oh, ho, oh, ho, oh, ho, oh, ho,

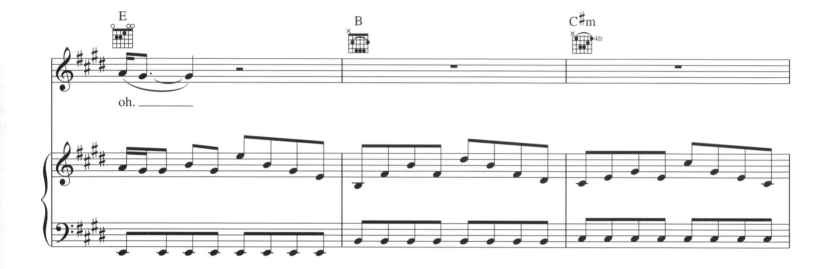

oh. _____

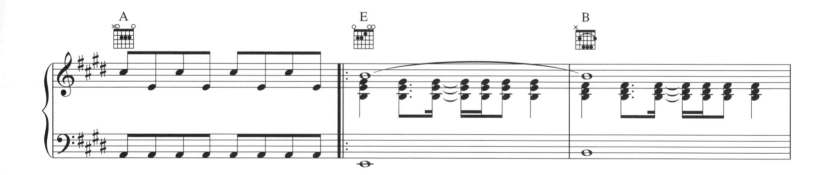

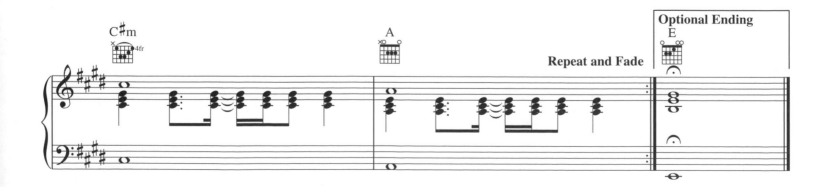

MY KIND OF LOVE

Words and Music by EMELI SANDÉ,
EMILE HAYNIE and DANIEL TANNENBAUM

*8vb till ***

1. I can't buy_ your love. Don't e - ven wan - na try. I guess I'm just_ no fun.
2. You won't see me at the par - ties,

Some - times the truth_ won't make_ you hap - py,_ still I'm not gon - na lie.
I won't be turn - ing up_ the ra - di - o_ sing - ing ba - by you're the one._

But don't ev - er ques - tion if my heart beats on - ly for you.

Lyrics:

It beats on-ly for you.

Know I'm far__ from per-fect, noth-in' like your en-tou-rage.__
I know some-times I__ get an-gry and I say what I don't mean.__

__ I can't grant__ you an-y wish-es,__ I won't prom-ise you__ the stars.
__ I know I keep my heart__ pro-tect-ed,__ far a-way from my__ sleeve.

But don't ev-er ques-tion if my heart beats on-ly for you.

It beats on-ly for you. 'Cause when you've

giv-en up,___ when no mat-ter what___ you do___ it's nev-er

good e-nough,___ when you nev-er thought___ that it could be so

get this tough,___ that's when you feel my kind___ of___ love.___

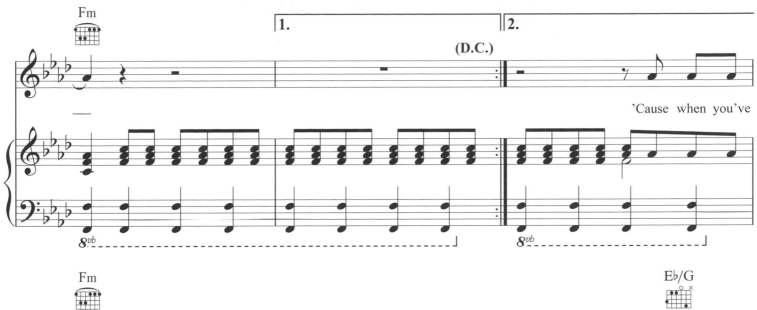

ONE AND ONLY

Words and Music by ADELE ATKINS,
DAN WILSON and GREG WELLS

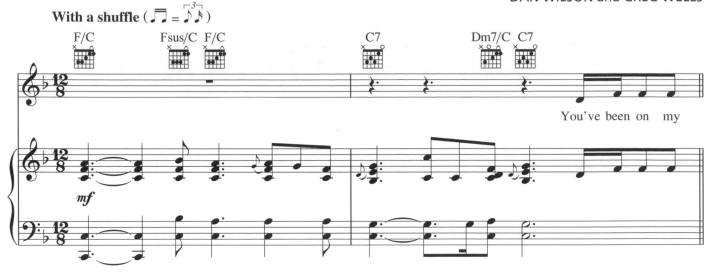

I dare you to __ let me be __ yours, __ your one and on-

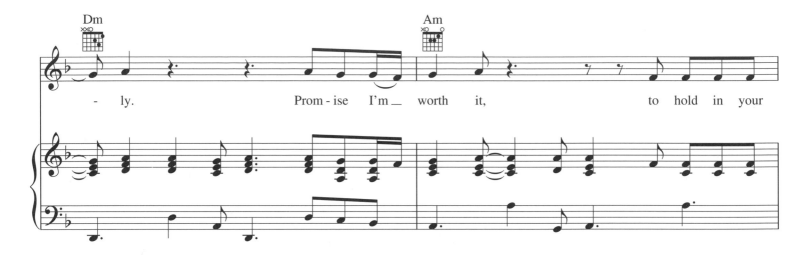

-ly. Prom-ise I'm __ worth it, to hold in your

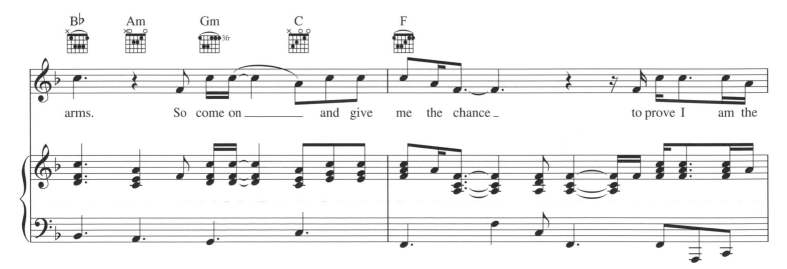

arms. So come on _____ and give me the chance _ to prove I am the

one who can ___ walk that mile ___ un-til the end _

starts. If I've been on your starts.

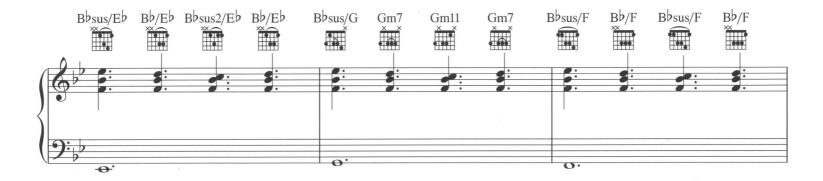

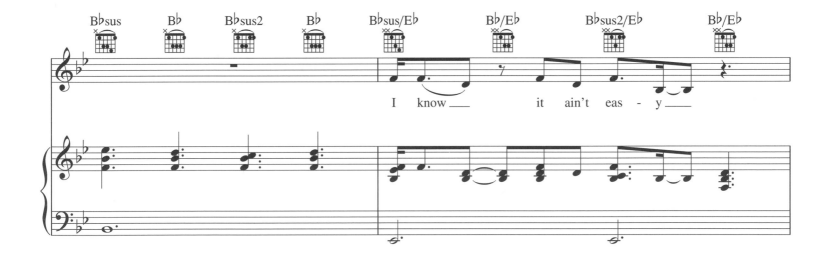

I know it ain't eas - y

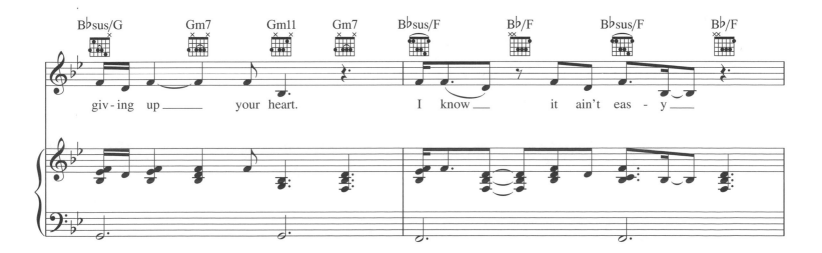

giv - ing up your heart. I know it ain't eas - y

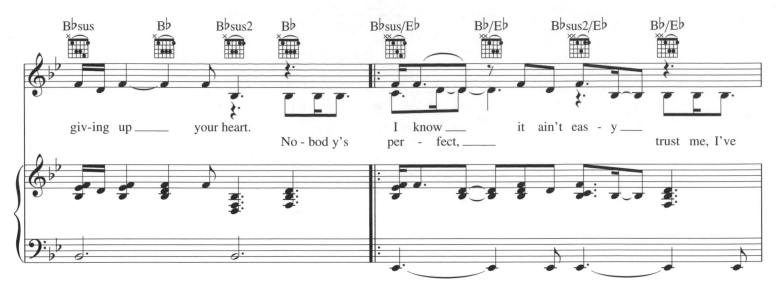

giv-ing up _____ your heart. I know ___ it ain't eas - y ___
No - bod y's per - fect, _____ trust me, I've

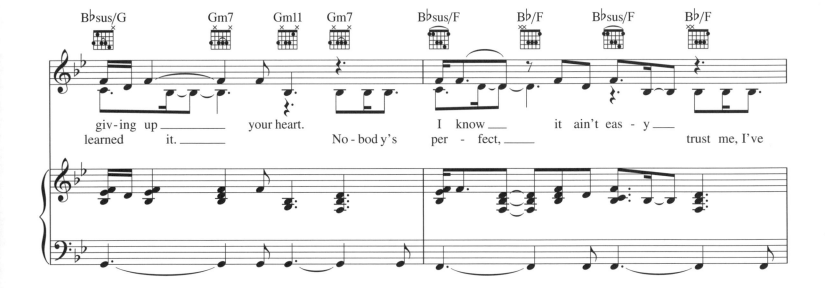

giv-ing up _____ your heart. I know ___ it ain't eas - y ___
learned it. _____ No - bod y's per - fect, _____ trust me, I've

giv-ing up _____ your heart.
learned it. _____ No - bod-y's

giv-ing up _____ your
learned it. _____

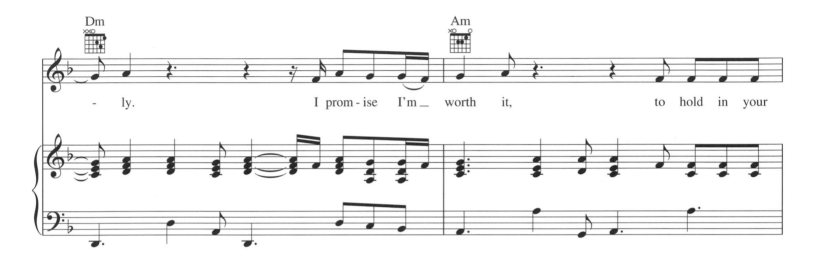

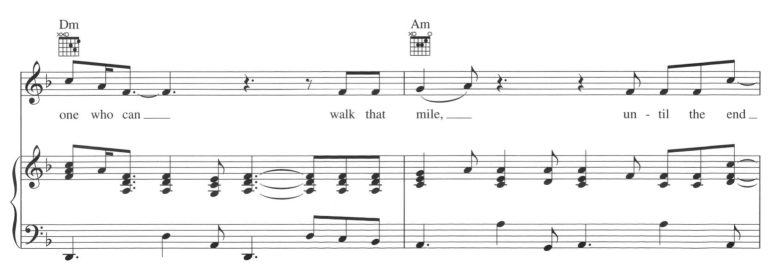

starts. _____ Come on _____ and give me a chance _____ to prove I am the

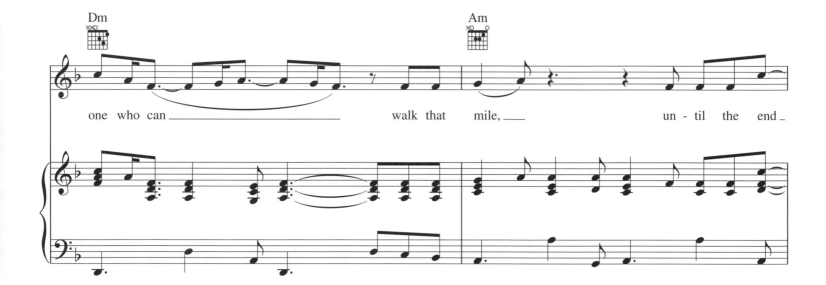

one who can _____ walk that mile, _____ un - til the end _____

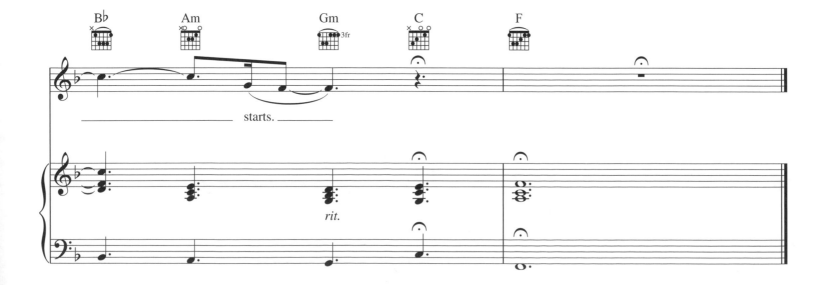

_____ starts. _____

rit.

UNCONDITIONALLY

Words and Music by KATY PERRY,
LUKASZ GOTTWALD, MAX MARTIN
and HENRY WALTER

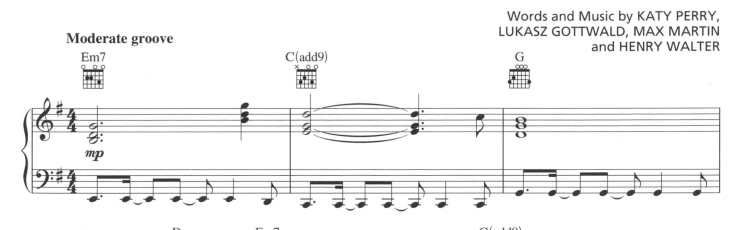

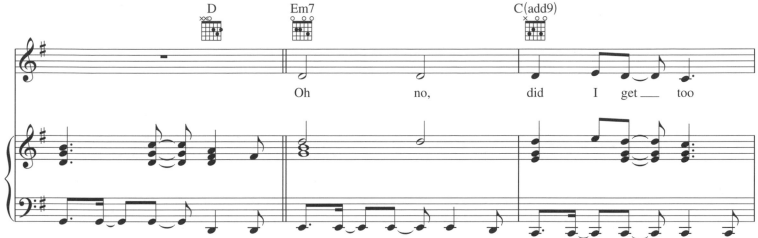

Oh no, did I get ___ too

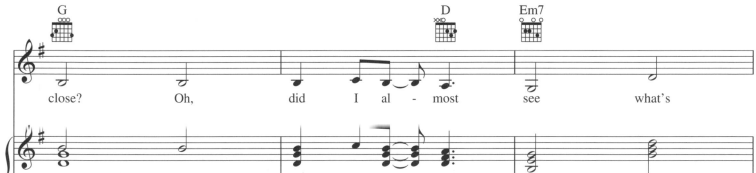

close? Oh, did I al-most see what's

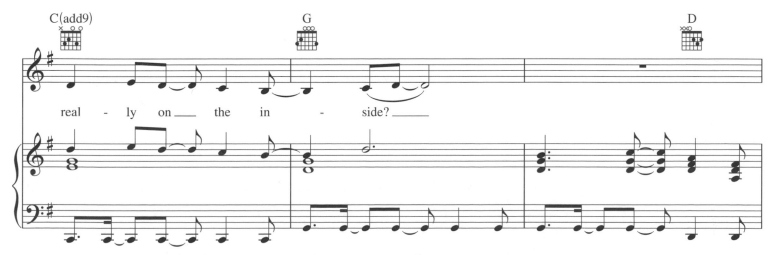

real - ly on ___ the in - side? ___

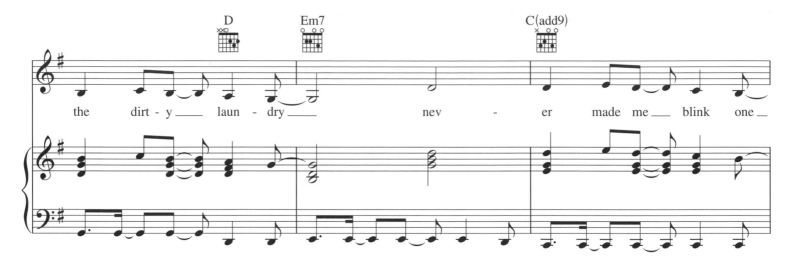

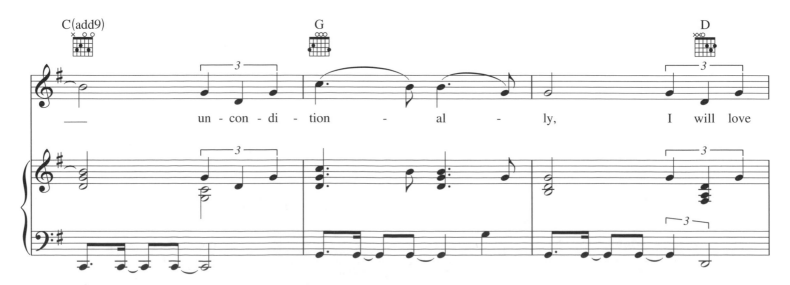

you un-con - di - tion - al - ly.___

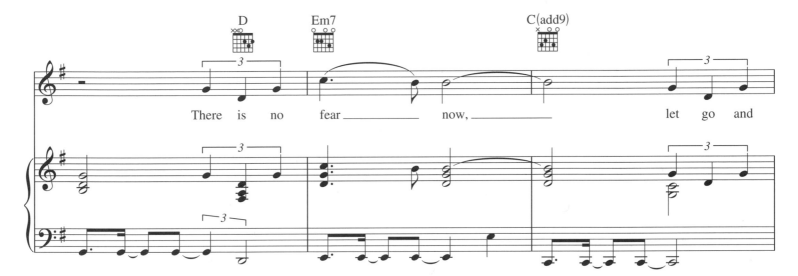

There is no fear_____ now,_____ let go and

just be free, I will love you un-con-

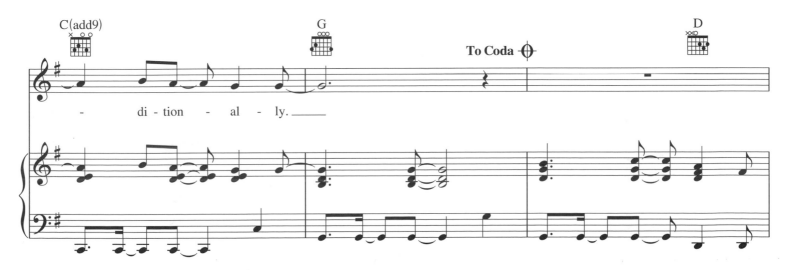

To Coda

- di - tion - al - ly.___

Come just as you are to me, don't

need a - pol - o - gies. Know that you are wor -

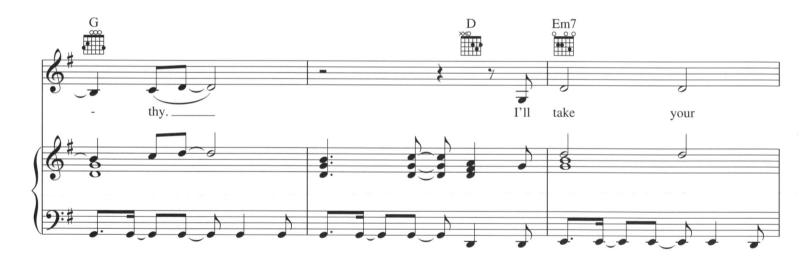

- thy. I'll take your

bad days with your good. Walk through the storm I would.

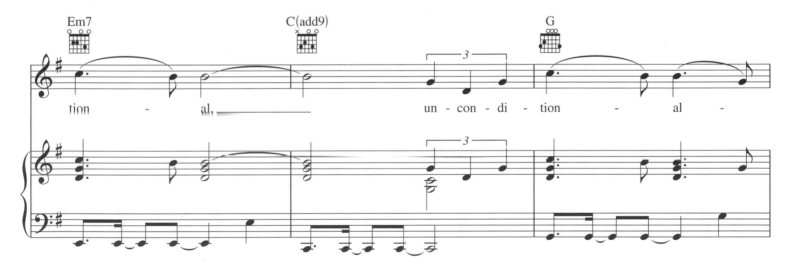

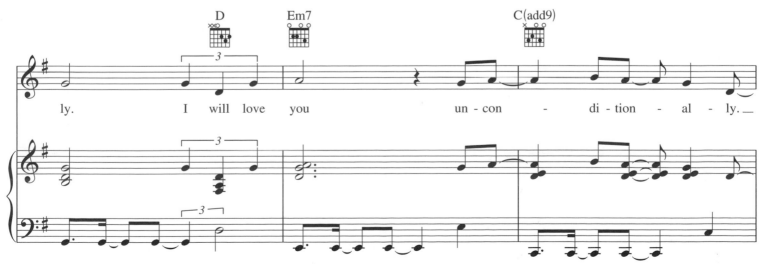

There is no fear _____ now, _____

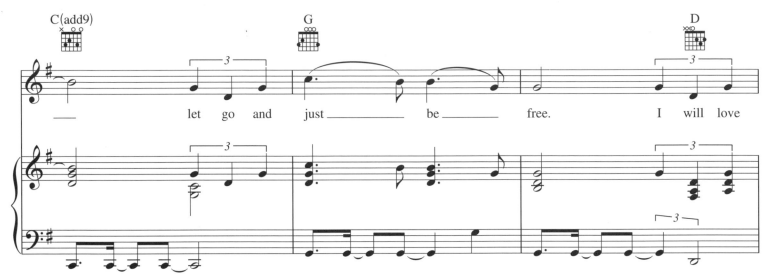

_____ let go and just _____ be _____ free. I will love

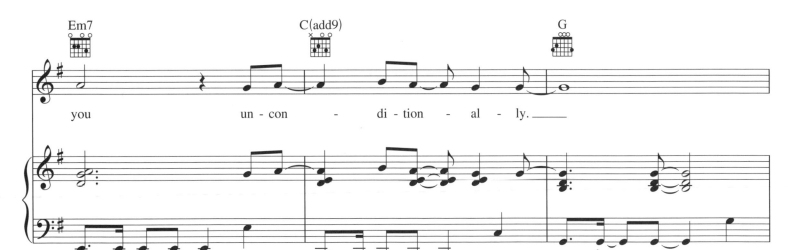

you un - con - di - tion - al - ly. _____

So o - pen up your heart and _ just let it _ be - gin. O - pen up your

heart and just let it be-gin. O-pen up your heart and just let it be-

gin. O-pen up your heart. Ac-

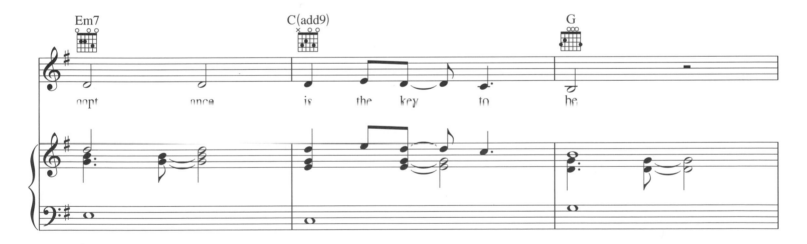

cept once is the key to be

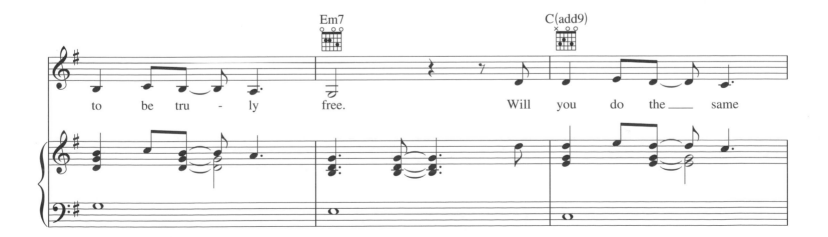

to be tru-ly free. Will you do the same

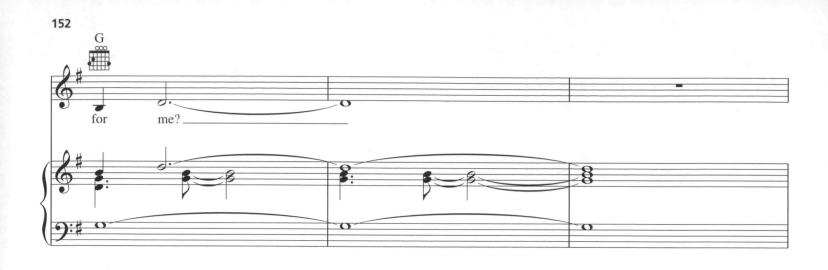

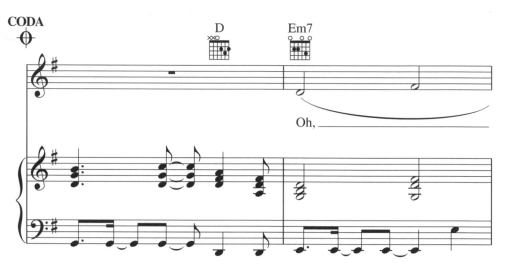

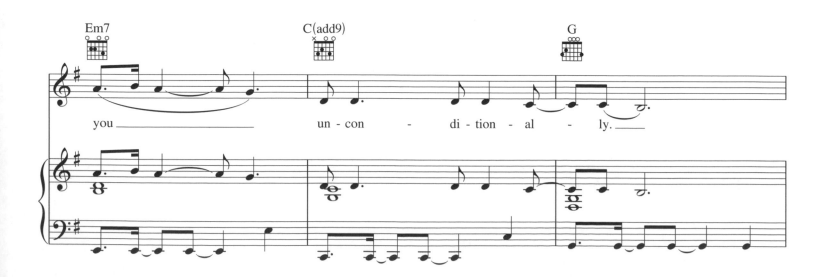

I will love you, oh,

oh. I will love

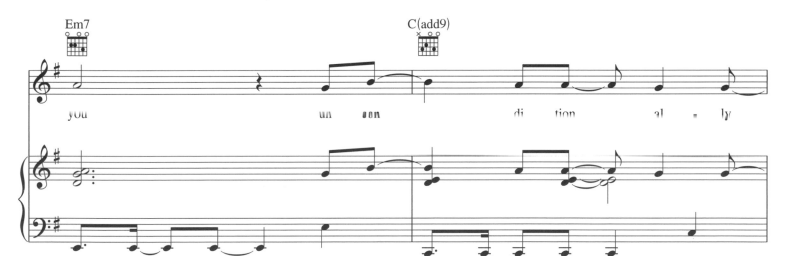

you un con di tion al ly

OURS

Words and Music by
TAYLOR SWIFT

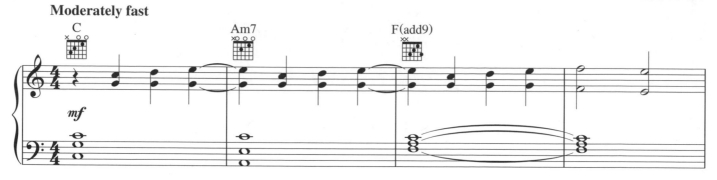

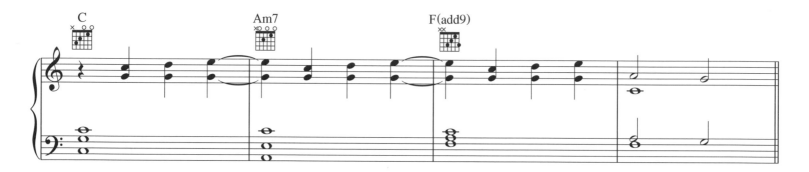

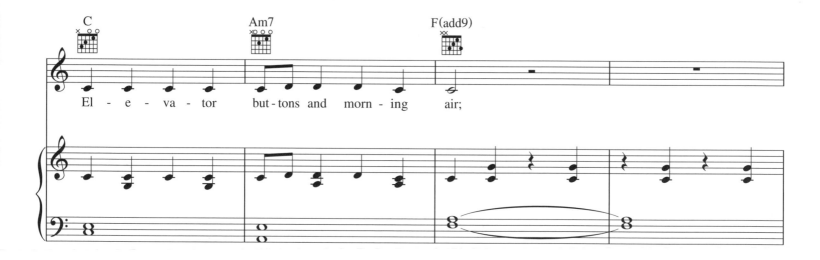

El - e - va - tor but - tons and morn - ing air;

stran - ger's si - lence makes me wan - na take the stairs.   If

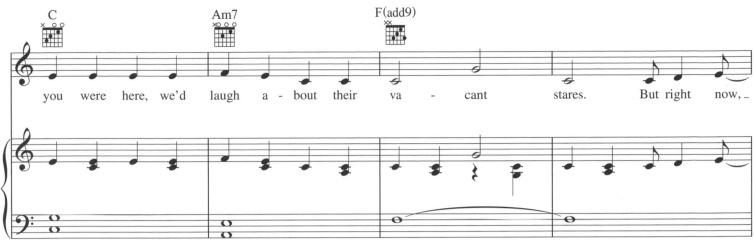

you were here, we'd laugh a - bout their va - cant stares. But right now, —

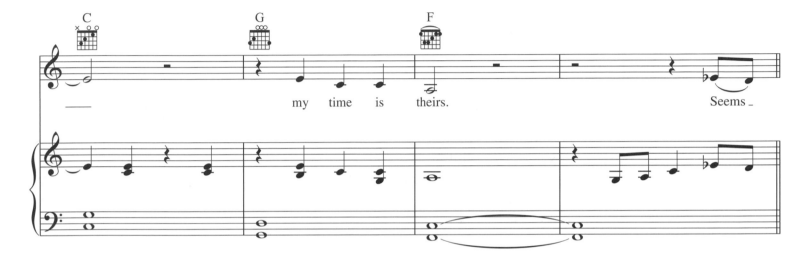

— my time is theirs. Seems —

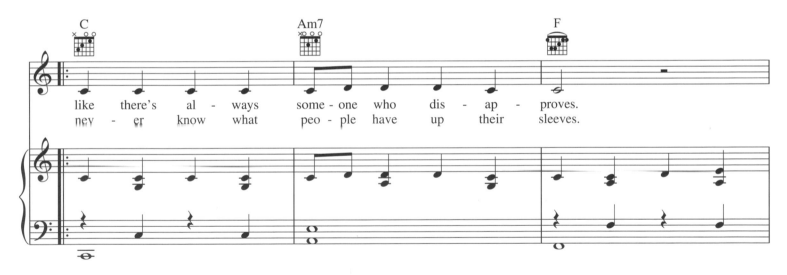

like there's al - ways some - one who dis - ap - proves.
nev - er know what peo - ple have up their sleeves.

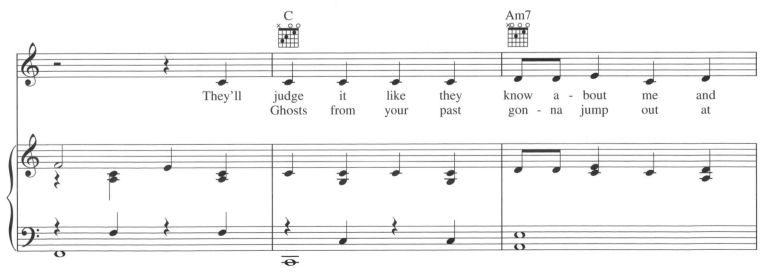

They'll judge it like they know a - bout me and
Ghosts from your past gon - na jump out at

you.
me.

And the ver - dict comes from
Lurk - ing in the

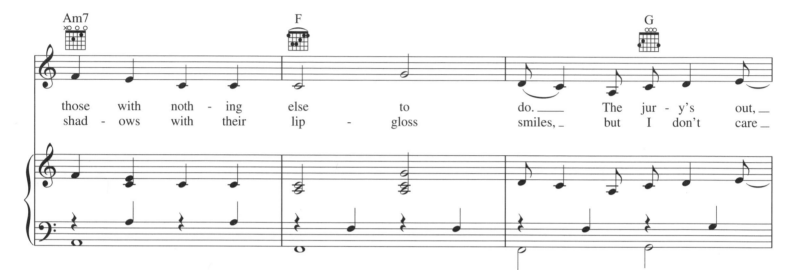

those with noth - ing else to do. ___ The jur - y's out, ___
shad - ows with their lip - gloss smiles, ___ but I don't care ___

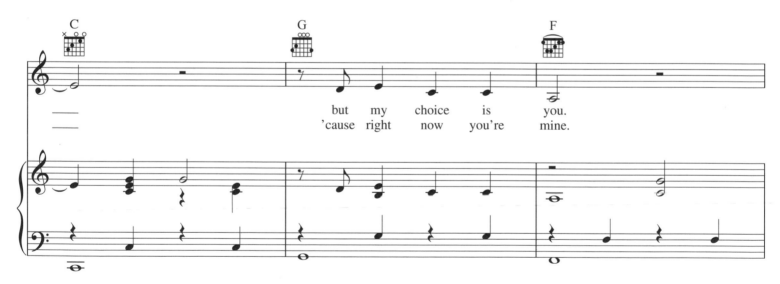

___ but my choice is you.
___ 'cause right now you're mine.

And you'll say So don't you wor - ry your pret - ty lit - tle mind.

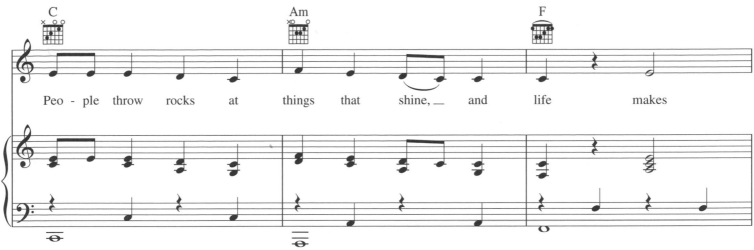

Peo - ple throw rocks at things that shine, __ and life makes

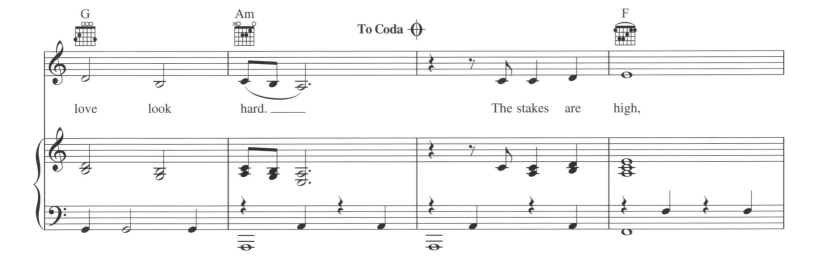

love look hard. _____ The stakes are high,

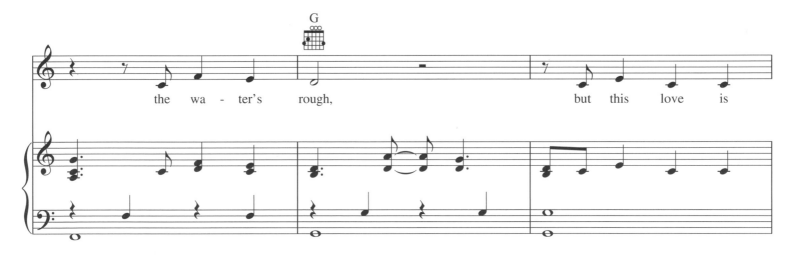

the wa - ter's rough, but this love is

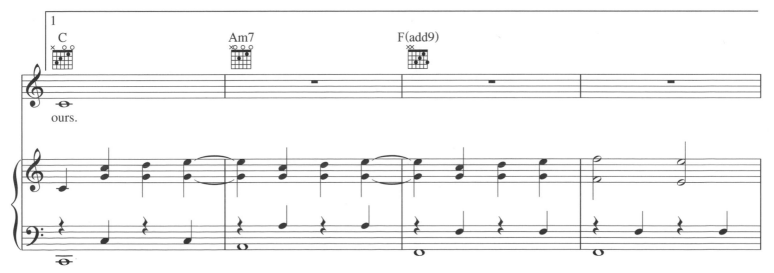

ours.

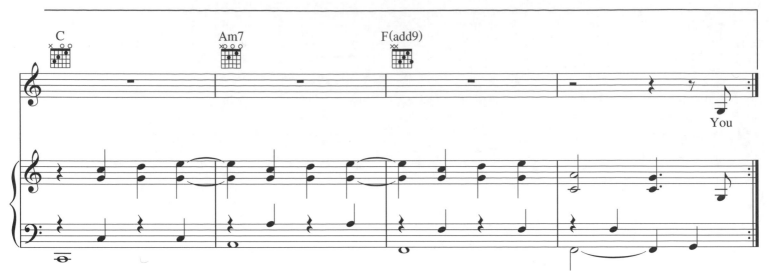

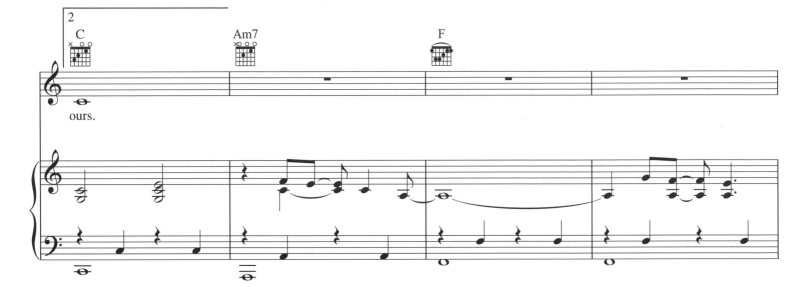

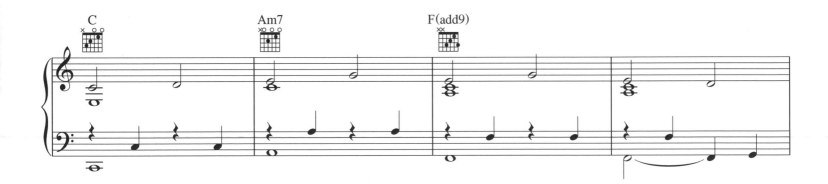

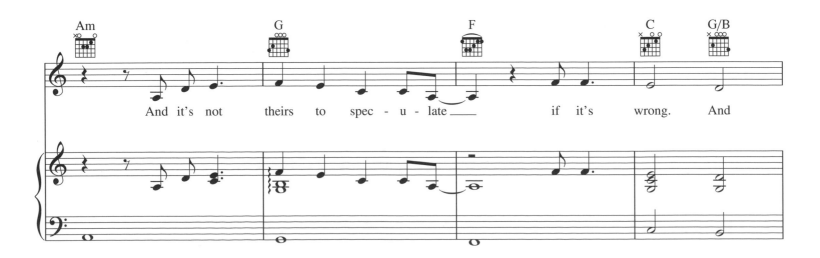

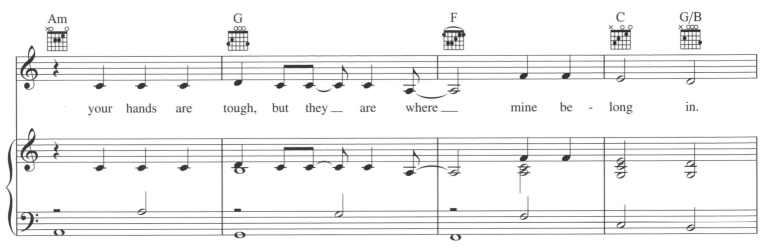

your hands are tough, but they __ are where __ mine be - long in.

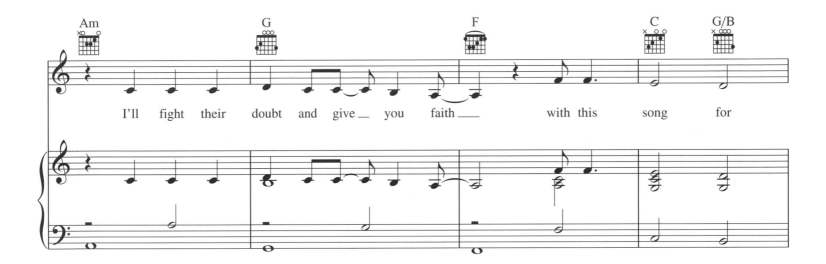

I'll fight their doubt and give __ you faith __ with this song for

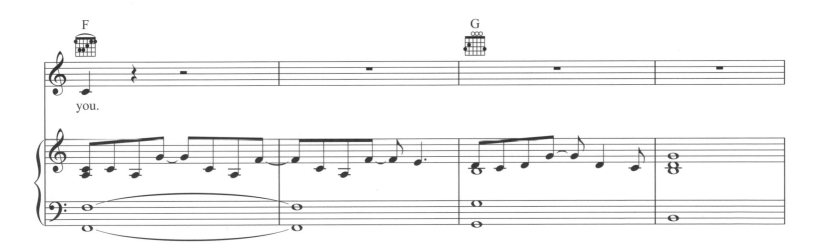

you.

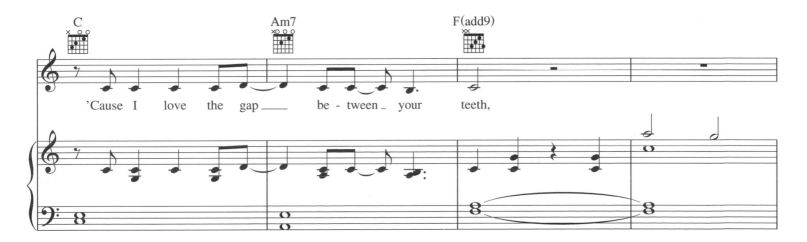

'Cause I love the gap __ be - tween __ your teeth,

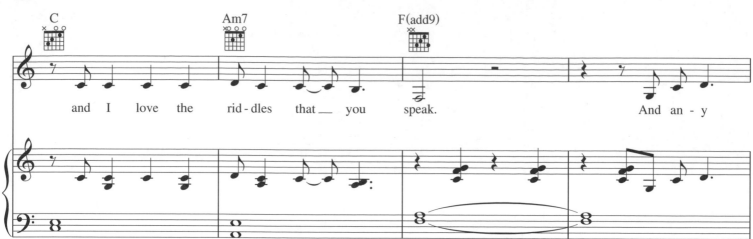

and I love the rid - dles that __ you speak. And an - y

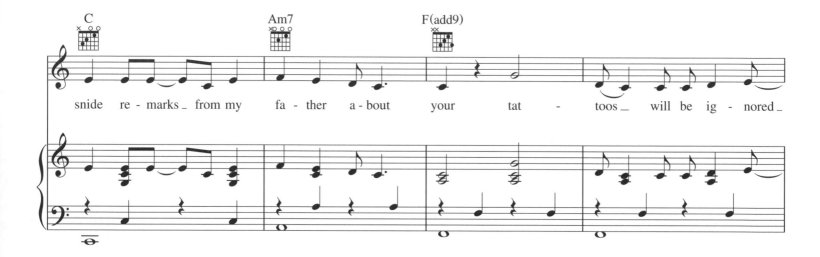

snide re - marks __ from my fa - ther a - bout your tat - toos __ will be ig - nored __

D.S. al Coda

'cause my heart __ is yours. So

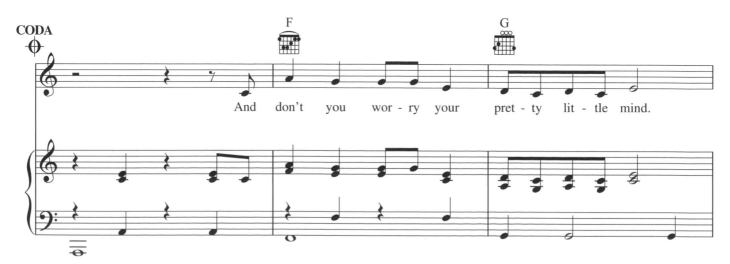

CODA

And don't you wor - ry your pret - ty lit - tle mind.

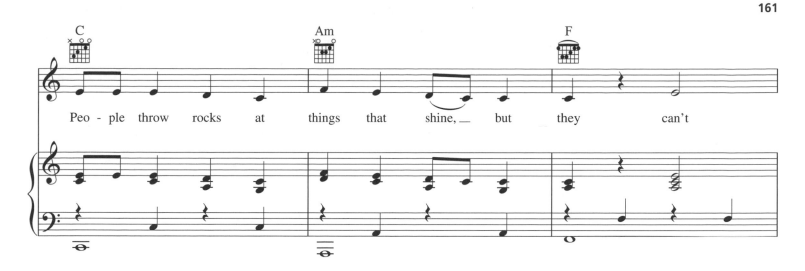

Peo - ple throw rocks at things that shine, __ but they can't

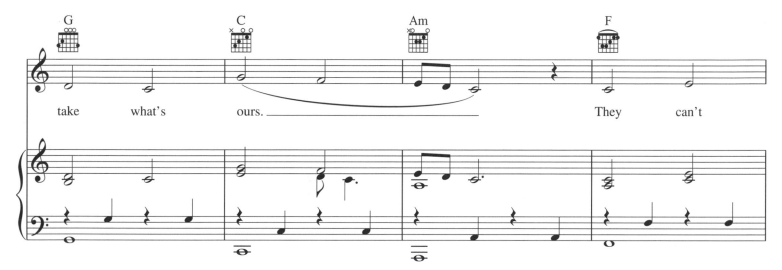

take what's ours. _____ They can't

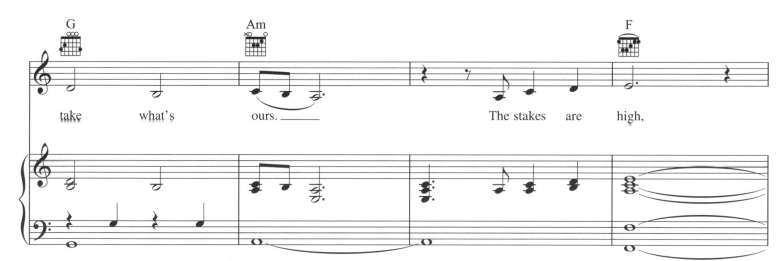

take what's ours. _____ The stakes are high,

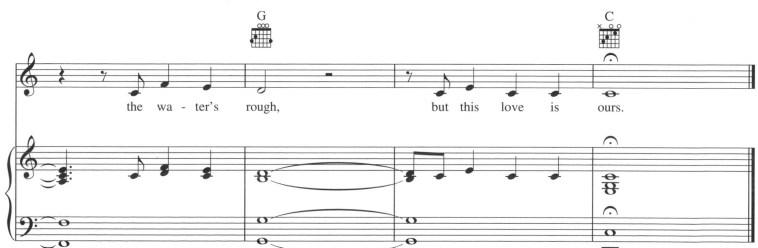

the wa - ter's rough, but this love is ours.

STAY

Words and Music by MIKKY EKKO
and JUSTIN PARKER

hands in the air, ___ said, "Show me some - thin'." ___
It's not much of a life you're liv - in'. ___

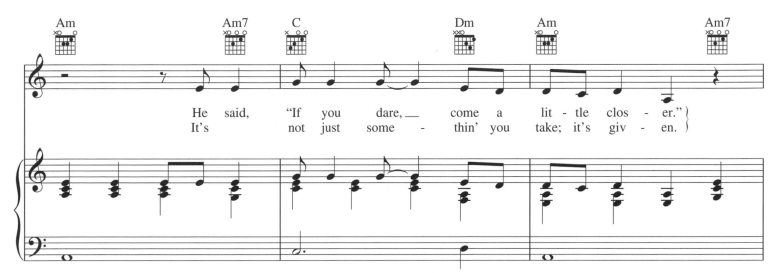

He said, "If you dare, __ come a lit - tle clos - er."
It's not just some - thin' you take; it's giv - en.

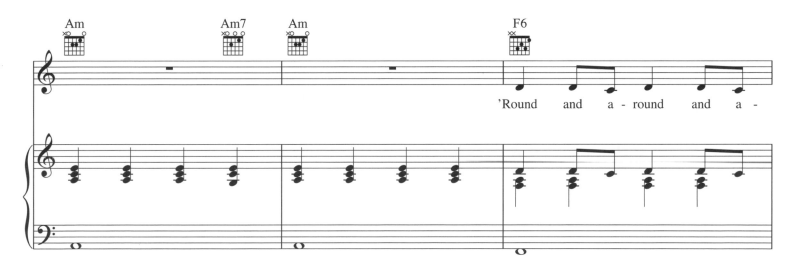

'Round and a - round and a -

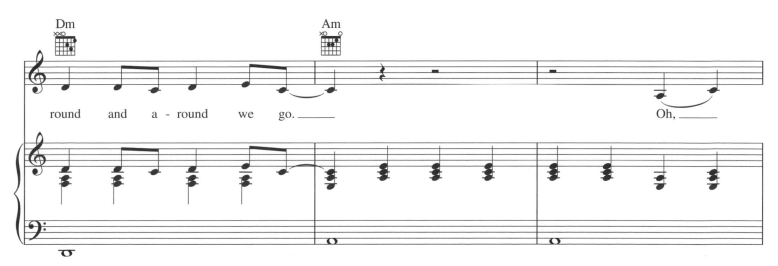

round and a - round we go. _____ Oh, _____

now, tell me now, tell me now, tell me now you know. ___

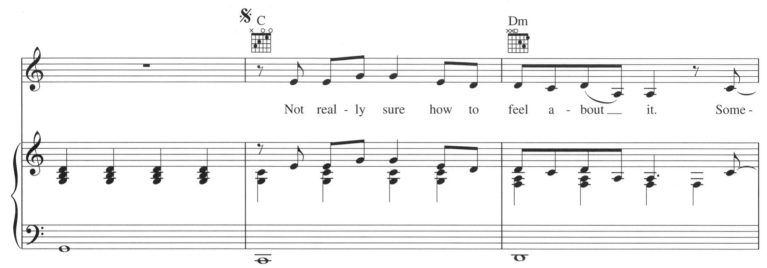

Not real-ly sure how to feel a - bout ___ it. Some -

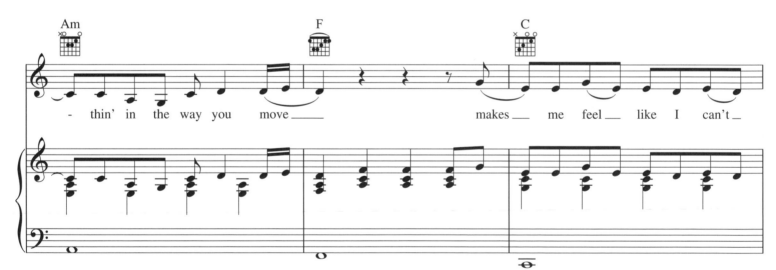

- thin' in the way you move ___ makes ___ me feel ___ like I can't ___

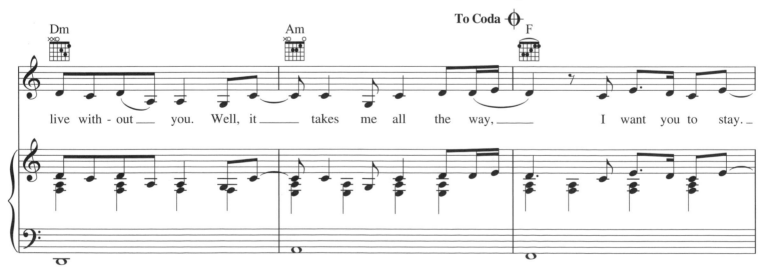

live with-out ___ you. Well, it ___ takes me all the way, ___ I want you to stay. ___

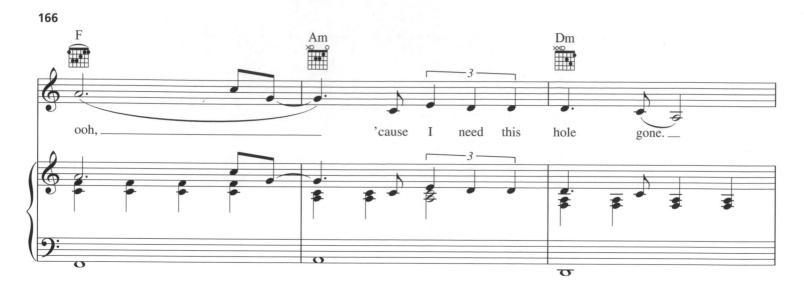

ooh, _____ 'cause I need this hole gone. _

Fun - ny you're the bro - ken one but I'm ___ the on - ly one who need - ed

sav - in'. 'Cause when you nev - er see the light, _ it's

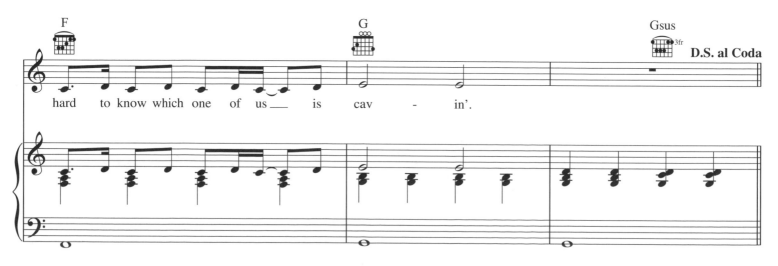

hard to know which one of us ___ is cav - in'.

D.S. al Coda

I want you to stay,

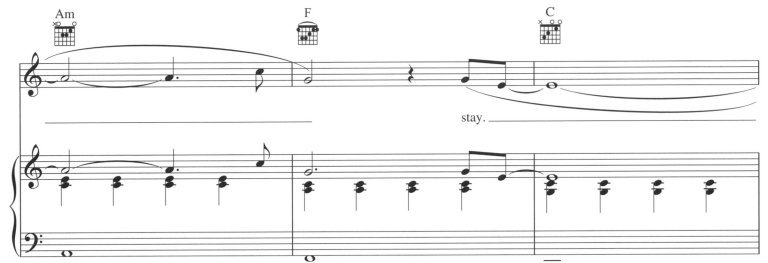

stay.

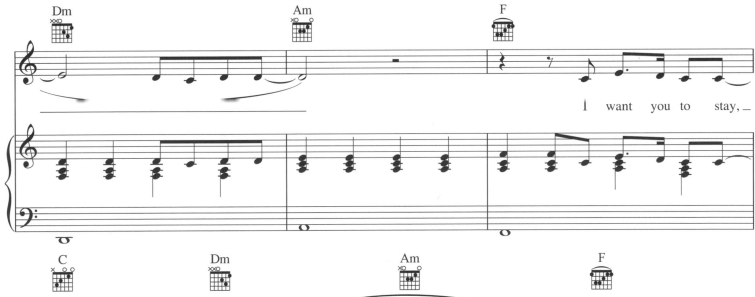

I want you to stay,

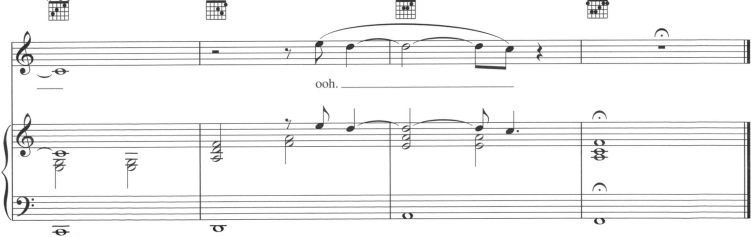

ooh.

STILL INTO YOU

Words and Music by HAYLEY WILLIAMS
and TAYLOR YORK

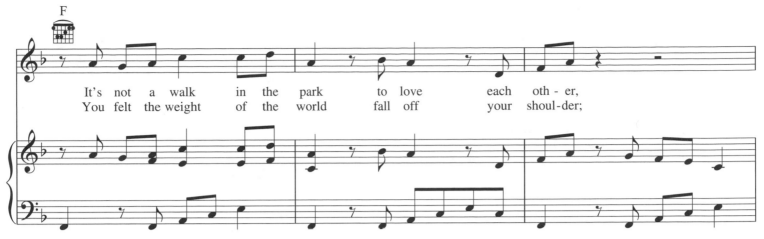

It's not a walk in the park to love each oth - er,
You felt the weight of the world fall off your shoul-der;

but when our fin - gers in - ter - lock, can't _ de - ny, ___ can't de - ny ___ you're
and to your fav -'rite song we sang _ a - long _ in - to the start _ of for -

worth it.
ev - er.

'Cause {And} af - ter all ___ this time I'm

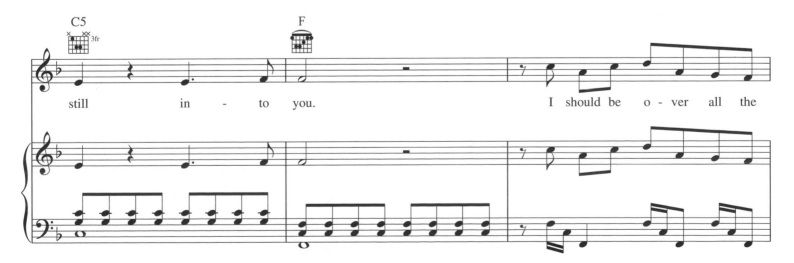

still in - to you.

I should be o - ver all the

but - ter - flies, _____ but I'm in - to you (I'm in - to

you). And, ba - by, e - ven on the worst nights _____ I'm in - to

you (I'm in - to you). Let 'em won - der how we got this __ far,

'cause I don't real - ly need to won - der __ at __ all. __

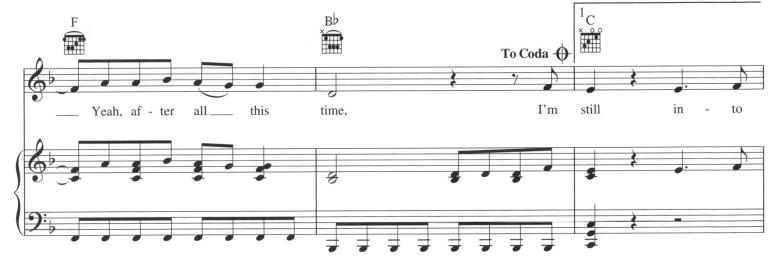

Yeah, af - ter all ___ this time, I'm still in - to

you.

still in - to you.

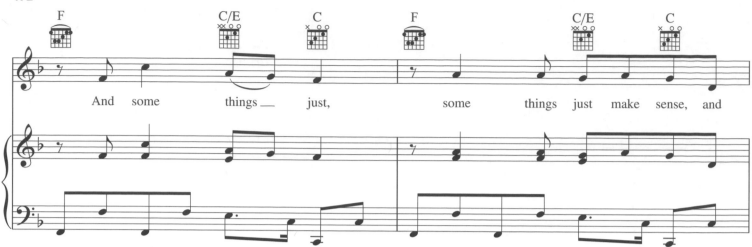

And some things — just, some things just make sense, and

one of those is you and I. Well, some things — just,

some things just make sense, and e - ven af - ter

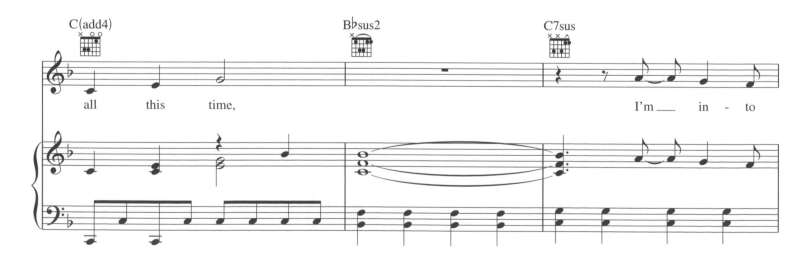

all this time, I'm — in - to

you.   Ba - by, not a day goes_ by ____ that I'm not ____

____ in - to ____ you. _____ I should be o - ver all the

still   in - o you.   I'm _____ still   in - to

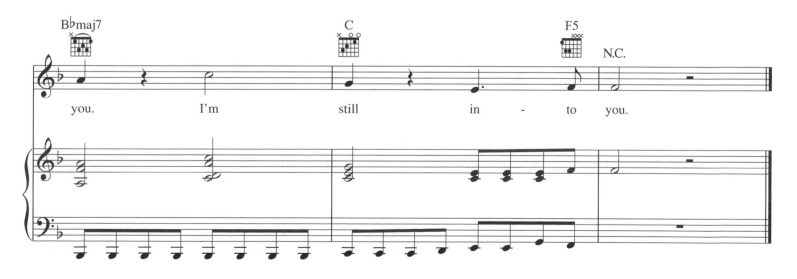

you.   I'm   still   in - to you.

A THOUSAND YEARS

from the Summit Entertainment film THE TWILIGHT SAGA: BREAKING DAWN – PART 1

Words and Music by DAVID HODGES
and CHRISTINA PERRI

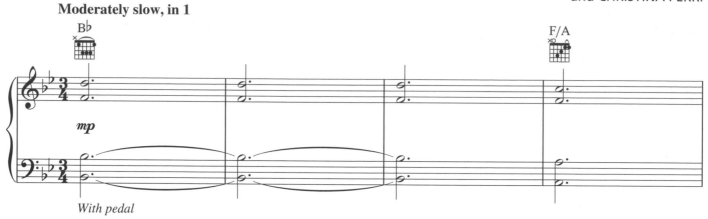

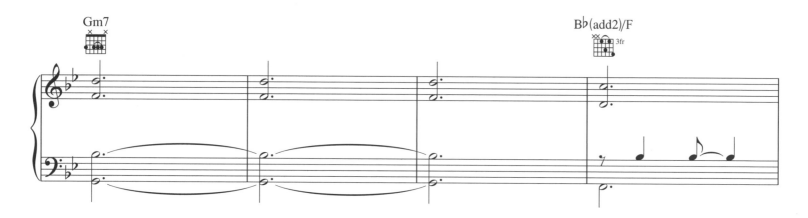

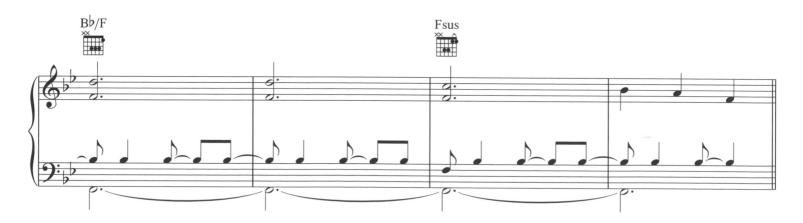

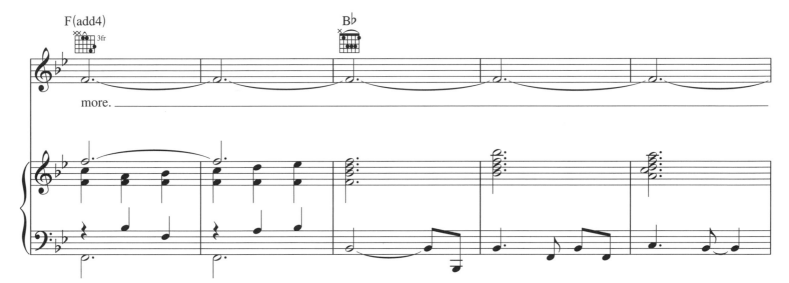

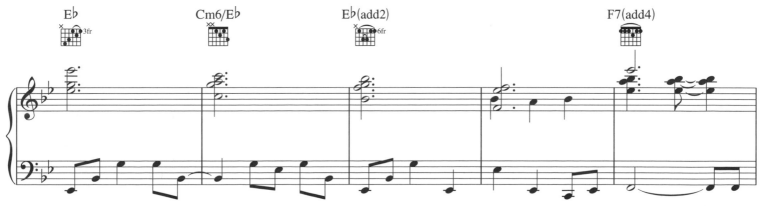

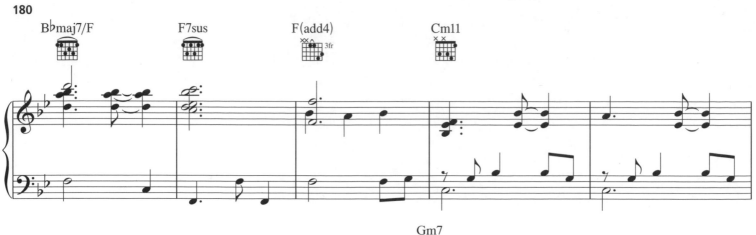

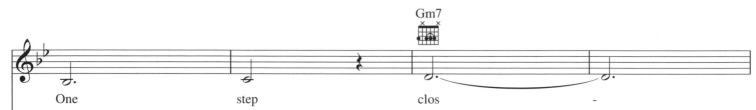

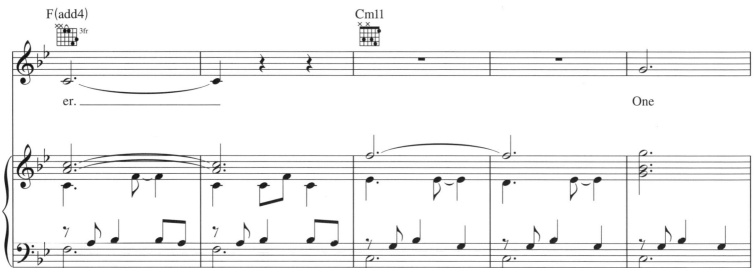

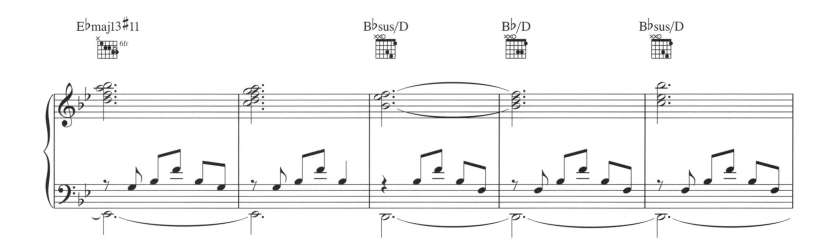

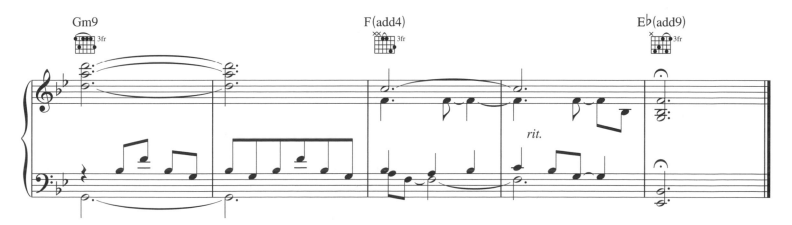

WANTED

Words and Music by HUNTER HAYES
and TROY VERGES

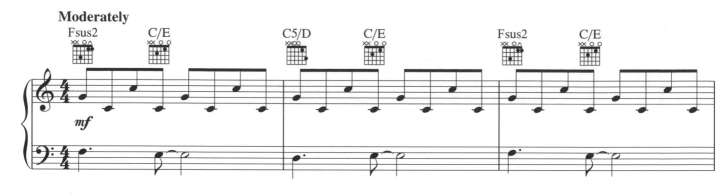

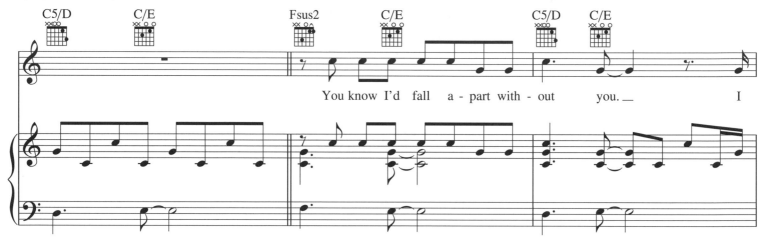

You know I'd fall a-part with-out you. __ I

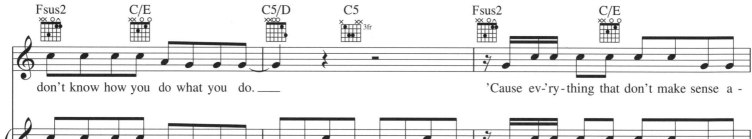

don't know how you do what you do. __ 'Cause ev-'ry-thing that don't make sense a-

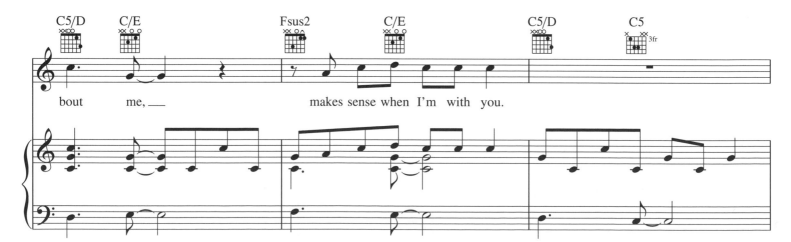

bout me, __ makes sense when I'm with you.

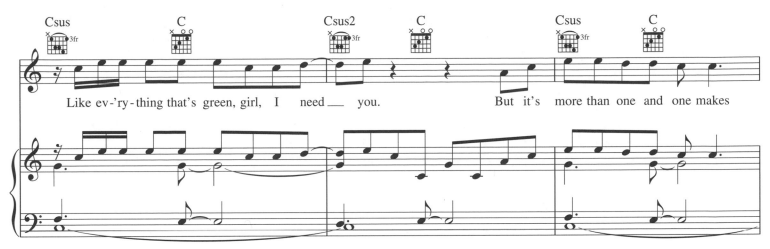

Like ev-'ry-thing that's green, girl, I need ___ you. But it's more than one and one makes

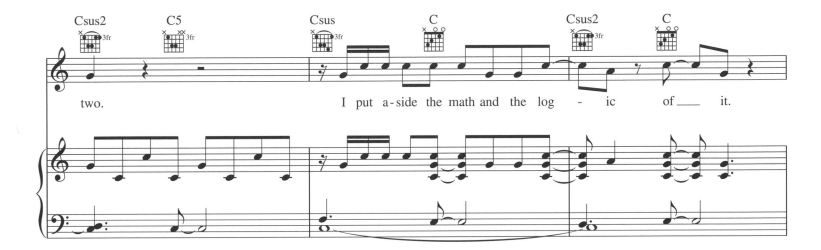

two. I put a-side the math and the log - ic of ___ it.

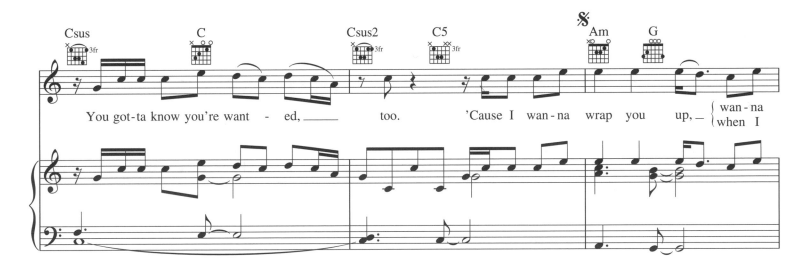

You got-ta know you're want - ed, ___ too. 'Cause I wan-na wrap you up, — {wan-na / when I

kiss your lips. —} I wan-na make you feel want - ed. And I wan-na
kiss your lips, —}

call you mine, ___ wan - na hold your hand ___ for - ev - er and nev - er let you for - get ___

To Coda

___ it. { Yeah, I { 'Cause, ba - by, I ___ } wan - na make you feel want - - - ed. ___

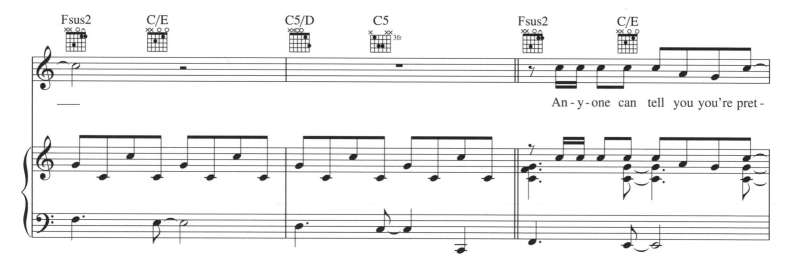

___ An - y - one can tell you you're pret -

- ty. And you get that all the time. I know you do.

want - ed. _____ And all I ev - er want -

ed. _____ And I just wan - na wrap you up, ___ wan - na

kiss your lips. _ I _____ wan - na make you feel want - ed. And I wan - na

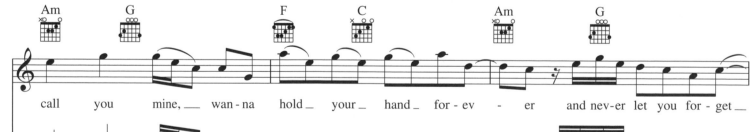

call you mine, ___ wan - na hold _ your _ hand _ for - ev - er and nev - er let you for - get _

it. ___ Yeah, _____ I wan - na make you feel want -

- ed. Ba - by, I, ___ I wan - na make you feel

want - ed.

'Cause you'll al - ways be ___ want - ed.

THE WAY I AM

Words and Music by
INGRID MICHAELSON

Moderately fast

*Chords implied by bass (next 20 bars).

If you ___ were fall - ing, _____ then I ___ would

catch you. ___ You need ___ a light, ___

I'd find a match. ___ 'Cause I _____
(I _____

- ing, _____ I'll make it bet - ter. _____ 'Cause

I _____ love _____ the way _____ you call _____ me "ba -
(I _____ love _____ the way.) _____

- by," _____ and you _____ take me the way I

am.